Exceedingly Growing Faith

Kenneth E. Hagin

크게 성장하는
믿음

케네스 해긴 지음 | 김진호 옮김

믿음의말씀사

Exceedingly Growing Faith
by Kenneth E. Hagin
ⓒ 1983 RHEMA Bible Church
AKA Kenneth Hagin Ministries, Inc.
P. O. Box 50126 Tulsa, OK 74150-0126 U.S.A.
All Rights Reserved.

2007 / Korean by Word of Faith Company, Korea.
Translated and published by permission
Printed in Korea.

크게 성장하는 믿음

1판 1쇄 발행일 · 2007년 1월 31일
1판 3쇄 발행일 · 2012년 11월 30일

지 은 이   케네스 해긴
옮 긴 이   김 진 호
발 행 인   최 순 애
펴 낸 곳   믿음의 말씀사
주   소   446-855 경기도 용인시 기흥구 신정로 301번길 59
전화번호   (031) 8005-5483 / 5493   FAX : (031) 8005-5485
홈페이지   http://faithbook.kr
출판등록   제68호 (등록일 2000. 8. 14)

ISBN 89-90836-24-7   03230
값 6,000원

본 저작물의 한국어판 저작권은 케네스 해긴 목사님을 통해 FAITH LIBRARY와의 독점 협약으로 '믿음의 말씀사'가 소유합니다. 저작권법에 의해 한국 내에서 보호를 받는 저작물이므로 무단 전재와 복제를 금합니다.

믿음의 방패 마크는 미국 특허청에 등록된 RHEMA Bible Church, AKA Kenneth Hagin Ministries, Inc.의 마크이므로 복제하여 사용할 수 없습니다. (The Faith Shield is a trademark of RHEMA Bible Church, AKA Kenneth Hagin Ministries, Inc., registered with the U.S. Patent and Trademark Office and therefore may not be duplicated.)

목 차

제1장 믿음은 어떻게 오는가? ·· 7

제2장 믿음은 (Now Faith Is) ·· 25

제3장 사람의 심령 (The Heart of Man) ························ 47

제4장 심령으로 믿는 것의 의미 ···································· 69

제5장 인간의 영을 훈련하기 ·· 89

제6장 하나님께로부터 당신이 원하는 것을 받는 방법
(How To Write Your Own Ticket With God) ···· 109

제7장 하나님과 같은 종류의 믿음
(The God-Kind of Faith) ·································· 139

제 1 장
어떻게 믿음이 오는가?

> 히 11:6
> 믿음이 없이는 하나님을 기쁘시게 하지 못하나니 하나님께 나아가는 자는 반드시 그가 계신 것과 또한 그가 자기를 찾는 자들에게 상 주시는 이심을 믿어야 할지니라

특별히 처음 부분의 말씀을 주의해 보십시오. "믿음이 없이는 기쁘시게 못하나니……."

하나님이 우리에게 믿음이 있어야 할 것을 요구하시는데 우리가 믿음을 소유하는 것이 불가능하다면 우리는 하나님의 공의하심에 대해 항의할 권리가 있습니다. 그러나 만일 하나님께서 우리의 손 안에 믿음을 가질 수 있는 것을 놓아두셨다면 믿음이 있느냐와 없느냐의 책임은 우리에게 있는 것입니다.

하나님은 우리에게 믿음이 없이는 하나님을 기쁘시게 할 수 없다고 하셨습니다. 그러면서 하나님은 우리가 어떻게 믿음을 가질 수 있는지를 말씀해 주셨습니다. 하나님은 믿음이 어떻게 오는지 말씀해 주셨습니다.

롬 10:17
그러므로 믿음은 들음에서 나며 들음은 그리스도의 말씀으로 말미암았느니라

만일 우리에게 믿음이 없다면 이것은 하나님의 잘못이 아닙니다. 우리에게 믿음 없는 것에 대하여 하나님을 탓하는 것은 무지에서 비롯된 것일 뿐입니다. 하나님께서는 모든 사람이 믿음을 가질 수 있는 길을 마련해 두셨습니다.

구원 받는 믿음

구원 받는 믿음은 들음에서 오고 들음은 그리스도의 말씀으로 말미암았습니다.

사도 바울은 우리가 믿음으로 구원 받았다고 말합니다. "너희는 그 은혜에 의하여 믿음으로 말미암아 구원을 받았으니 이것은 너희에게서 난 것이 아니요 하나님의 선물이라"(엡 2:8)

구원 받기 위한 믿음을 어떻게 얻습니까? 로마서에서 말씀을 더 읽어 봅시다.

롬 10:8-10, 13, 14, 17
8 그러면 무엇을 말하느냐 말씀이 네게 가까워 네 입에 있으며 네 마음에 있다 하였으니 곧 우리가 전파하는 믿음의 말씀이라
9 네가 만일 네 입으로 예수를 주로 시인하며 또 하나님께서 그를 죽은 자 가운데서 살리신 것을 네 마음에 믿으면 구원을 받으리라

10 사람이 마음으로 믿어 의에 이르고 입으로 시인하여 구원에 이르느니라
13 누구든지 주의 이름을 부르는 자는 구원을 받으리라
14 그런즉 그들이 믿지 아니하는 이를 어찌 부르리요 듣지도 못한 이를 어찌 믿으리요 전파하는 자가 없이 어찌 들으리요
17 그러므로 믿음은 들음에서 나며 들음은 그리스도의 말씀으로 말미암았느니라

우리는 여기에서 구원 받는 믿음은 하나님의 말씀을 들음으로 오는 것을 알 수 있습니다. 이것을 사도행전 11장 13-14절 말씀과 관련시켜 보겠습니다. "그가 우리에게 말하기를 천사가 내 집에 서서 말하되 네가 사람을 욥바에 보내어 베드로라 하는 시몬을 청하라 그가 너와 네 온 집이 구원 받을 말씀을 네게 이르리라 함을 보았다 하거늘"

고넬료는 좋은 사람이었습니다만 구원 받지 못한 사람입니다. 예수님은 말씀하셨습니다. "또 가라사대 너희는 온 천하에 다니며 만민에게 복음을 전파하라." 그러나 고넬료는 이 영광스러운 복음을 아직 듣지 못했으므로 아직 구원을 받지 못한 것입니다.

하나님은 고넬료에게 구원의 계획을 알기 위해서 베드로를 불러오라고 말씀하셨습니다. 천사들은 고넬료에게 복음을 전파할 수 없었습니다. (천사들은 설교할 수 없습니다. – 하나님은 사람을 설교하라고 이 세상에 보내신 것입니다.) 그러나 천사는 고넬료에게 어디 가서 누구를 데려 오라고는 할 수 있었습

니다. "그가 너와 네 온 집의 구원 얻을 말씀을 네게 이르리라."

사람들은 말씀을 들음으로 구원 받습니다. 왜냐하면 "믿음은 들음에서 오고 들음은 그리스도의 말씀으로 말미암았기" 때문입니다. 당신은 말씀을 듣지 않고는 믿을 수 없습니다.

치유의 믿음

어떻게 치유의 믿음이 올까요? 같은 방법으로 옵니다. 다음 구절들에서 볼 수 있습니다.

> 행 14:7-10
> 7 거기서 복음을 전하니라
> 8 루스드라에 발을 쓰지 못하는 한 사람이 앉아 있는데 나면서 걷지 못하게 되어 걸어 본 적이 없는 자라
> 9 바울이 말하는 것을 듣거늘 바울이 주목하여 구원 받을 만한 믿음이 그에게 있는 것을 보고
> 10 큰 소리로 이르되 네 발로 바로 일어서라 하니 그 사람이 일어나 걷는지라

말씀을 대강 훑어보는 사람은 이렇게 말할 수 있습니다. "바울이 그 사람을 치유한 것은 얼마나 놀라운 일인가!" 그러나 바울은 그 사람을 치유하지 않았습니다. 그 사람은 바울이 사도이기 때문에 혹은 바울의 믿음으로 치유함을 받은 것이 아닙니다. 그 사람 자신에게 믿음이 있었습니다.

바울은 이 세 가지 일을 하였습니다.
1. 그는 복음을 전파하였습니다(7절).
2. 그는 그 사람이 치유 받을 믿음이 있는 것을 알았습니다(9절).
3. 그는 그 사람에게 일어나 걸으라고 말했습니다(10절).

그 사람은 이 세 가지 일을 하였습니다.
1. 그는 바울이 전파하는 말씀을 들었습니다(9절).
2. 그는 치유 받을 만한 믿음이 있었습니다(9절).
3. 그는 뛰고 걸었습니다(10절).

이 사람은 바울이 가진 어떤 능력에 의하여 치유 받은 것이 아닙니다. 그 사람 자신에게 치유 받을 만한 믿음이 있었습니다. 그러면 그는 어떻게 치유 받을 만한 믿음을 갖게 되었습니까? 그는 그가 들은 것에 의해 믿음을 가질 수 있었습니다. 그는 바울의 전파하는 말을 들었습니다.

그리고 바울은 무엇을 말하였습니까? 그는 복음을 전파하였습니다(7절).

만일 바울이 우리가 생각하고 있는 복음을 전파하였으면 어떻게 그 사람이 치유를 받았겠습니까? 바울은 성경이 가르치고 있는 복음을 전파했던 것입니다.

어린 침례교회의 소년으로 병상에서 할머니의 '감리교' 성경을 읽을 때, 읽으면 읽을수록 나는 복음을 부분적으로만 들었지 모두 다 들은 적이 없다는 것을 깨달았습니다. 말씀을 읽으면 읽을수록 내가 죽지 않아도 된다는 것을 알게 되었습니다. 말씀을 읽으면 읽을수록 내가 치유 받을 수 있다는 것을 알게 되었습니다!

(나는 하나님이 원하시면 치유를 받을 수 있다고 배워 왔습니다. 그러나 그것은 하나님이 치유할 수 없다고 하는 것보다 더욱 하나님을 모독하는 말입니다. – 두 가지 말은 다 거짓말입니다.)

내가 말씀을 읽을 때 마귀는 나의 들은 바 온갖 의심과 불신앙을 다 기억 속으로 떠올리게 합니다. 그리고 그는 치유의 역사는 이미 끝이 난 것이라고 들은 이야기를 내게 상기시켜 주었습니다.

그러나 내가 어떻게 그 장애물을 극복해 낸 줄 아십니까? 나는 어떤 사람에게도 믿음의 역사가 다 끝났다는 말을 들어본 적이 없었습니다.

루스드라에 있던 이 발을 쓰지 못하는 사람은 치유 받을 만한 믿음이 있었습니다. 마가복음 5장 34절에서는 예수님께서는 혈루병에서 치유함을 받은 여인에게 이렇게 말씀하십니다. "예수께서 이르시되 딸아 네 믿음이 너를 구원하였으니 평안히 가라 네 병에서 놓여 건강할지어다"

믿음은 다 끝난 것이 아닙니다! 믿음은 들음으로 옵니다. – 그리고 들음은 하나님의 말씀으로 말미암습니다!

예수님은 당신의 능력이 이 여인을 온전케 한 것이라고 말씀하시지 않았습니다. 예수님은 그 여인의 믿음이 그녀를 온전케 했다고 말씀하셨습니다. 내가 이것을 보았을 때 만일 그 여자의 믿음이 그 여자를 온전하게 했다면 나의 믿음도 나를 온전하게 할 수 있다는 것을 알았습니다. 그리고 하나님께 감사합니다. 정말 그렇게 되었습니다! 나의 믿음은 나를 온전케 했습니다. 나의 마비 증세는 사라졌습니다. 나의 심장의 증상도 없어졌습니다. 그 후로 나는 껑충 껑충 뛰어다니며 그 진리를 설교하게 되었습니다.

어떻게 이 루스드라에 있던 사람이 치유 받을 믿음을 얻게 되었습니까? 그것은 말씀을 들은 것으로부터입니다. 그리고 그가 들은 것은 하나님의 말씀인 복음이었습니다.

복음에는 일생동안 발을 쓰지 못하던 사람이 치유 받을만한 무엇인가가 있습니까? 결정적으로 그렇습니다!

바울은 구원과 치유의 믿음을 전파하면서 이렇게 말하였습니다. "내가 복음을 부끄러워하지 아니하노니 이 복음은 모든 믿는 자에게 구원을 주시는 하나님의 능력이 됨이라 먼저는 유대인에게요 그리고 헬라인에게로다"(롬 1:16).

스코필드 성경 주석에서는 이 구절에 관하여 이렇게 말하고 있습니다. "히브리와 희랍어의 구원이라는 말은 구출, 안전, 보호, 치유와 건전이라는 뜻을 가지고 있습니다."

실질적으로 바울은 이렇게 말하고 있는 것입니다. "나는 그리스도의 복음을 부끄러워하지 않습니다. 이것은 구출, 안전, 보존, 치유와 건전에 이르는 하나님의 능력입니다." 바울은 부분적이 아닌 온전한 복음을 가르쳤습니다.

행 8:5-8
5 빌립이 사마리아 성에 내려가 그리스도를 백성에게 전파하니
6 무리가 빌립의 말도 듣고 행하는 표적도 보고 한마음으로 그가 하는 말을 따르더라
7 많은 사람에게 붙었던 더러운 귀신들이 크게 소리를 지르며 나가고 또 많은 중풍병자와 못 걷는 사람이 나으니
8 그 성에 큰 기쁨이 있더라

이런 놀라운 기적들은 그리스도를 전파할 때 일어나는 결과입니다(5절). 신약에서 치유하시는 그리스도를 빼면 그리스도가 없는 것과 같을 것입니다. 육체적인 치유 - 신령한 치유 - 는 복음의 일부입니다. 만일 오늘날 치유하는 복음이 없다면 구원의 복음도 없는 것입니다.

유명한 침례교회 목사이셨던 피씨 넬슨 박사는 이렇게 말했습니다. "치유는 복음의 한 부분이며 치유와 복음은 한 덩어리입니다."

넬슨 박사가 미시간 주 디트로이트 시에서 목회를 하던 1921년 자동차에 치었습니다. 그는 왼쪽 무릎을 심하게 다쳤습니다. 피에 독이 생기면서 온 다리에 퍼지기 시작하였고 심지어는 그의 생명도 위험하게 되었습니다. 의사는 다리를 절단하여야 할지도 모른다고 경고했습니다.

그가 만일 피에 독이 생긴 것을 이기고 생존해서 다리를 절단하지 않는다 해도 그의 다리는 평생 동안 뻣뻣할 것이라고 했습니다.

넬슨 박사가 누워서 움직이지도 못하고 고통 중에 신음하고 있을 때 주님은 그에게 야고보서 전체를 다 읽도록 인도하셨습니다. 그는 그가 치유 받을 만한 믿음이 없는 것을 깨달았습니다. 그러나 사도행전 9장 32-34절에 나오는 애니아의 치유는 그의 심령에 믿음과 영감을 주었습니다.

대수술의 협박이 넬슨박사로 하여금 만일 주님께서 그를 치유하시면 '세상에 전하라' 는 말씀에 대한 그의 약속과 헌신을 새롭게 하기로 결심하게 했습니다.

그리고 야고보서 5장 14-15절을 순종하는 마음에서 그는 치유를 받았던 경험이 있는 성령 충만한 친구들을 그의 집으로 초대해서 그에게 기름을 바르고 기도하도록 하였습니다. 그들이 기도할 때 그는 사도행전 9장 34절의 말씀을 듣는 것 같았습니다. "예수 그리스도께서 당신을 고쳤다. 일어나라!"

그의 친구들이 아래 층에서 기다리는 동안 넬슨 박사는 아들의 도움으로 옷을 입었습니다. 갑자기 그는 그의 무릎이 전혀 아프지 않다는 것을 알게 되었습니다. 그는 기쁘게 주님을 찬양하면서 층계를 몇 번이나 내려갔다 올라갔다 하면서 뛰어 다녔습니다. 그는 완전히 치유를 받았고 그의 무릎이 전혀 뻣뻣하지도 않았습니다. "믿음은 들음에서 오고 들음은 하나님의 말씀으로 말미암음이니라"

수년 전 아주 훌륭한 교단의 목사가 뛰어난 부흥 사역을 하고 있었습니다. 많은 다른 교단과 교회들이 힘을 합하여 그분을 그 도시 연합 집회에 초청하곤 했습니다. 그러나 그는 병이 들었습니다. 그 자신의 간증에 의하면 2년 만에 그는 재정이 다 바닥이 나고 말았다고 했습니다.

은행구좌에 있던 만 불은 그 당시 상당한 돈이었는데 이것도 다 없어졌습니다. 그는 치료비를 충당하기 위해서 그의 집과 그의 차 그리고 대부분의 책을 다 팔았습니다. 그는 메이요 병원과 그 외의 모든 병원을 다 다니며 의료적인 도움을 받았습니다. 그러나 그는 낫지 않았고 오히려 더욱 악화되었습니다. 그는 결국 캘리포니아의 한 지역 병원에 입원을 해야만 하였습니다. 거기 있는 의사들은 그가 죽을 것이라고 말했습니다.

그는 텍사스에 있는 고향 집으로 가서 죽기 위해 기차표를 사려고 캘리포니아에 살고 있는 형에게 돈을 좀 꿀 작정이었습니다. 그의 83세 된 어머니는 텍사스 콜린 카운티(내가 살던 곳)에 살았습니다. 그리고 그는 죽기 전에 어머니를 보기 원했습니다. 그의 형은 돈을 마련해서 그 당시 50대의 병든 그 목사를 고향에 계신 늙은 어머니께로 보냈습니다. 그 곳에선 19살 된 한 청년이 일을 도와주며 병시중을 하게 되었습니다. 이 일은 그 목사를 돌아 누이기도 하고 옷을 입히기도 하며 완전히 돌보는 일이었습니다.

하루는 그 청년이 그에게 말했습니다. "박사님, 왜 당신은 주님께 치유를 받으시지 않으십니까? 성경에 만일 우리 중에 병든 자가 있으면 그는 교회의 장로들을 불러 기도를 하게 하라고 하였습니다."

이 목사는 물론 전문적으로 성경을 공부한 분입니다. - 그는 신학대학을 나온 사람이었습니다. - 그러나 그는 그런 구절이 성경에 있는 줄 몰랐습니다. 그는 그 청년에게 자기 성경을 가방에서 꺼내 달라고 한 후 그것을 찾아달라고 했습니다. 그러나 그 청년은 읽기를 배운 적이 없다고 하였습니다. 그 목사는 청년에게 그럼 어떻게 그것이 성경에 있는 줄 알았느냐고 물었습니다. 청년은 자신의 목사가 그렇게 말했다고 했습니다. 그래서 그 목사가 성경을 찾아보았더니 정말 그런 말씀이 거기 있었습니다! 그 청년은 그 목사에게 그들이 정자나무 아래서 집회를 하려고 한다고 말해 주었습니다. 그 날 저녁은 치유의 모임이 있었습니다. 그리고 그 청년은 그 목사에게 만일 가기를 원하면 누구에게 부탁을 해서 데리고 가게 하겠다고 말했습니다. 그 목사는 가기로 결심했습니다. 그래서 그들은 오래 된 포드차를 가져다 뒷좌석에 그 목사를 위해 침대를 만들었습니다. 그들은 차를 될 수 있는 대로 가깝게 세워놓았고 예배가 끝난 다음 목사가 와서 그에게 기름을 바르고 기도해 주었습니다.

그들이 집에 돌아 왔을 땐 자정이었습니다. 그러나 그들이 집에 돌아 온 후 목사는 청년에게 화덕에 불을 피워 달라고 부탁하고서 그의 어머니에게 햄과 계란을 요리해 달라고 하였습니다. (그동안 2년 이상이나 그는 아기 이유식과 아주 부드러운 음식 외에는 전혀 먹지 못하였습니다.)

그는 어머니에게 치유를 받았다고 했습니다. 그리고 목사가 자기에게 기름을 바르고 기도해 주었다고 말했습니다.

후에 들은 얘기이지만 그의 어머니는 그가 정신이 나간 것이라고 생각했었다고 말했습니다. 그가 옛날 먹던 시골식 비스킷을 만들어 달라고도 했고 어머니는 어차피 죽을 사람이니까 그 비스킷을 먹으면서 기쁘게 죽을 수 있도록 그가 원하는 대로 해 주었습니다. 어머니는 햄과 계란과 비스킷을 만들어 주었습니다. - 그리고 어머니가 해주신 것을 다 먹고 그는 아무렇지도 않았습니다. 그는 치유를 받은 것입니다!

그는 여러 잡지에 글을 쓰기 시작하였고 부흥회를 해 달라는 요청이 들어오기 시작하였습니다. 켄사스 시에서 연합 집회가 마련되었습니다.

청년은 그에게 그 켄사스 시의 연합 집회에 가기 전에 성령 충만을 받아야 한다고 말하였습니다. 그 목사는 그 청년이 말하는 것은 무엇이나 믿을 준비가 되어 있었습니다. 그래서 그는 그 청년에게 어떻게 하면 되느냐고 물었습니다. 그 청년은 어떻게 할지를 말해 주었습니다.

그들은 그 나무 그늘 아래 집회에 갔습니다. 그리고 결신의 시간이 되자 그 목사는 나무톱밥을 깔아놓은 강단 앞으로 나갔습니다. 그리고 거기서 그는 성령 충만을 받고 다른 방언으로 말하기 시작하였습니다.

이 목사는 오래전에 영광으로 돌아가셨지만 그가 쓴 글은 많은 사람들에게 축복을 전해 주었습니다. 그러면 이 사람은 어떻게 치유 받을 만한 믿음을 얻게 되었습니까? 그는 들음으로써 믿음을 가졌습니다.

나는 12년간 혈루병으로 고생하던 한 여인의 이야기를 전에 언급하였습니다. 하나님의 말씀은 마가복음 5장에서 이 여인에 대해서 말하고 있습니다. 그 여인은 전 재산을 다 탕진하며 많은 의사를 찾아 다녔지만 전혀 병이 낫지 않았다고 성경은 말하고 있습니다.

27절과 28절은 이 여자에 대하여 이렇게 말하고 있습니다. "예수의 소문을 듣고 무리 가운데 끼어 뒤로 와서 그의 옷에 손을 대니 이는 내가 그의 옷에만 손을 대어도 구원을 받으리라 생각함일러라." 그리고 34절은 또 이렇게 말합니다. "예수께서 이르시되 딸아 네 믿음이 너를 구원하였으니 평안히 가라 네 병에서 놓여 건강할지어다."

어디서 이 여인은 치유 받을 수 있는 믿음을 얻었습니까?

"예수의 소문을 듣고……"(27절)입니다.

달라스 한 순복음 교회에서 1950년대 초에 몇 주간 집회를 한 후 그 목사가 3개월 간 휴가를 갖는 동안 내가 그 교회를 맡았던 일이 있습니다. 정상적인 교회 예배 이외에도 매일 같이 라디오 프로그램이 있었습니다.

어느 주말에 우리는 선교사를 위한 특별 예배를 가졌습니다. 금요일 저녁 예배가 끝난 후 안내하시는 분이 피트워스에서 온 남자와 여자가 나를 보기를 원한다고 말해 주었습니다. 그 아내가 병이 있어서 치유받기를 원하였습니다.

그의 남편이 어느 날 아침 직장으로 가던 중 우리의 라디오 프로그램을 듣게 되었다고 합니다. 치유라는 것은 우리 모두의 것이라는 나의 메시지를 들었다고 했습니다. 그리고 그날 저녁 집에 가서 그의 아내에게 말했습니다. 그 주일내내 그들은 그 라디오 프로그램을 들었던 것입니다.

이 여자는 두 번의 대 수술을 받았고 이제 세 번째 수술을 앞에 두고 있었습니다. "우리는 수술을 위해 기도하고 있습니다"라고 남편은 말했습니다. "만일 하나님의 뜻이 내 아내가 치유되는 것이라면 우리에게 믿음을 주셔서 내 아내가 낫게 될 줄 믿습니다." 그리고 그들은 나에게 그녀를 위해 기도해 달라고 온 것입니다.

"만일 이것이 하나님의 뜻이라면……"이라고 기도하는 것은 성경적인 것이 아니라고 나는 그들에게 말했습니다. 당신이 기도할 때 '만일'이라는 말을 넣는 것은 의심하면서 기도하는 것입니다.

어떤 사람들은 그들이 정말로 무지하면서도 이렇게 하는 것이 겸손하다고 생각합니다. 나사로가 죽은 지 나흘이나 지난 후 예수님은 그에게 말씀하셨습니다. "나사로야 나오라!" 당신이 상황을 바꾸려고 기도할 때 당신의 기도에 '만일'이라는 말을 넣는다면 당신은 응답받지 못합니다.

오직 성별의 기도(Prayer of Consecration)를 할 때 우리는 "만일"이라는 말을 사용할 수 있습니다. 성별의 기도에서는 하나님의 뜻이 무엇인지 확실하지 않기 때문입니다. 이런 기도에서 당신은 상황이나 어떤 '것'을 변화시키기 위해 기도하는 것이 아닙니다.

'만일'이라는 말은 의심을 표현하는 것입니다. 그리고 상황을 변화시키기 위해 하는 기도에서 이 말을 넣어선 안됩니다. 나는 그 남편에게 물어 보았습니다. "만일 신약 성경에서 예수님께서는 당신 아내의 연약함을 담당하시고 그 질병을 감당하셨다고 말했다면 그녀가 치유 받는 것은 하나님의 뜻이 아니겠습니까?"

그는 그렇겠다고 말했습니다. 그래서 우리는 마태복음 8장 17절로 갔습니다. "이는 선지자 이사야를 통하여 하신 말씀에 우리의 연약한 것을 친히 담당하시고 병을 짊어지셨도다 함을 이루려 하심이더라."

"내 아내가 치유함을 받는 것은 하나님의 뜻입니다!" 그는 소리를 질렀습니다. 그리고 그의 아내도 그렇게 생각한다고 말했습니다.

그래서 우리는 베드로전서 2장 24절로 가서 읽었습니다. "친히 나무에 달려 그 몸으로 우리 죄를 담당하셨으니 이는 우리로 죄에 대하여 죽고 의에 대하여 살게 하심이라 그가 채찍에 맞음으로 너희는 나음을 얻었나니"

그리고 또 우리는 이사야 53장 4-5절을 같이 읽었습니다. "그는 실로 우리의 질고를 지고 우리의 슬픔을 당하였거늘 우리는 생각하기를 그는 징벌을 받아 하나님에게 맞으며 고난을 당한다 하였노라 그가 찔림은 우리의 허물 때문이요 그가 상함은 우리의 죄악 때문이라 그가 징계를 받음으로 우리는 평화를 누리고 그가 채찍에 맞음으로 우리는 나음을 받았도다." 킹 제임스 번역본의 관주에는 이렇게 써 있습니다. "확실히 그는 우리의 아픔을 지었고 우리의 질병을 가져갔습니다."

이 부부는 말하였습니다. "우리가 필요한 것은 믿음입니다. 우리는 이것이 하나님의 뜻인지 압니다."

나는 그들이 구원받았는지 물어 보았습니다. 그들은 구원받았다고 대답했습니다. 나는 그들이 어떻게 구원을 받았는지 말해 보라고 했습니다. 그들은 교회에서 결신시간에 강대상 앞에 나가 무릎을 꿇고 죄인의 기도를 하므로 구원받았다고 말했습니다.

"당신들이 강대상 앞에 나갔을 때 주님께 구원을 받을 수 있는 믿음을 달라고 했습니까?"라고 내가 물어 보았습니다. 그들은 그렇지는 않았다고 대답했습니다.

그 남편은 그들이 구원받을 수 있다고 그들의 목사가 그날 설교를 했다고 말했습니다. 그 목사가 하나님의 말씀을 사람들에게 읽어 주었습니다. 그들은 말씀을 듣고 믿음이 생겨서 구원을 받은 것입니다.

나는 구원받을 수 있는 믿음이 있었던 것과 같이 치유에 대한 믿음도 있다는 것을 그들에게 말해 주었습니다. 그들은 말씀을 들은 것입니다.

"우리는 처음 기도한 우리들의 기도를 버려야 하겠습니다. 그것은 쓸모없는 기도였습니다"라고 남편이 선포하였습니다.

나는 그에게 동의하였습니다. 빛이 오자마자 믿음이 생겼던 것입니다!

그의 아내도 동의하면서 말하였습니다. "그러면 나는 예수님을 나의 치유자로 받아들이기만 하면 되는 겁니다."

나는 그 여자의 머리에 손을 얹고 기도했습니다. 그리고 그 여자에게 치유를 받았는지 물어 보았습니다.

그 여자는 "나는 확실히 치유를 받았습니다. 나는 하나님의 말씀이 그렇게 말했기 때문에 분명히 치유를 받았습니다"라고 고백하였습니다.

다음 주일날 저녁 예배 중에 문이 확 열리는데 그 여자의 남편이 거기 서 있었습니다. 그가 한 마디 말을 하고 싶다고 허락받은 후 그들에게서 무슨 일이 일어났는지 말하기 시작하였습니다.

그는 지난 금요일 저녁에 집에 돌아갔을 때 그의 아내는 보호대를 벗어 옷장에 던지며 "하나님께 감사합니다. 나는 치유를 받았습니다!"라고 말했다고 합니다. 다음날 토요일 그가 집에 돌아 왔을 때 그 아내는 싱크대에서 꾸부리고 머리를 감고 있었습니다. - 그동안은 그렇게 할 수 없었습니다.

그 주일날 밤에는 그 남자는 마비가 되어서 휠체어에 앉은 어머니를 모시고 기도를 받으러 왔습니다. 기도를 받은 후 그 어머니는 일어나 걸어 나갔습니다!

그 젊은 부부에게 손이 얹어졌을 때 그들은 성령의 충만함을 받고 다른 방언으로 말하기 시작하였습니다. 수년 후에 나는 그 여자를 다시 만났는데 그녀는 그때까지 건강했습니다.

그 여자는 어떻게 믿음을 가졌을까요? 말씀을 들음으로 믿음을 가졌던 것입니다.

제 2 장
믿음은 (Now Faith Is)

히 11:1
믿음은 바라는 것들의 실상이요 보이지 않는 것들의 증거니

히브리서 11장 1절에서 하나님은 성경적인 믿음에 대해서 우리들에게 말씀하시고 있습니다. 이 구절을 모펫의 번역본에서는 이렇게 읽습니다. "믿음은 우리가 소망하는 것에 대하여 확신이 있고 보지 못하는 것들에 대해서 확신하는 것을 뜻합니다." 다른 번역본에서는 이렇게 말합니다. "믿음은 소망하는 것에 실체를 가져다주는 것이다." 또 다른 번역본에서는 "믿음은 우리가 소망하던 것이 결국 우리의 것이라는 보증서이다"라고 말합니다.

믿음에는 여러 가지가 있습니다. 구원받았던지 안받았던지 모든 사람은 자연적이고 인간적인 믿음이 있습니다. 그러나 여기서 하나님께서는 성경적인 믿음을 말씀하시고 계시는 것입니다. 하나님은 여기서 성경의 믿음을 말씀하고 계십니다. 하나님은 우리가 심령으로 믿는 믿음을 말씀하고 있습니다.

그리고 심령으로 믿는 것과 우리의 육신적인 감각이 말하는 대로 믿는 것과는 대단히 큰 차이가 있습니다!

믿음은 비현실적인 소망을 붙잡아 현실적인 영역으로 불러오는 것입니다.

예를 들어서 당신은 당신이 지불해야할 모든 재정적 의무를 잘 처리할 수 있기를 소망합니다. 믿음은 당신이 필요할 때 돈이 있을 것이라는 확신을 줍니다. "믿음은 보지 못하는 것들의 증거니." 당신은 당신이 몸으로 해야 할 일을 할 수 있는 육신적인 힘을 소망합니다. 믿음으로 "주님은 나의 힘이니 내가 누구를 두려워 하리요"(시 27:1)라고 말합니다. 믿음은 모든 일에 있어서 말씀이 말하는 모든 것을 말합니다. 왜냐하면 하나님을 믿는다는 것은 그냥 그의 말씀을 믿는 것이기 때문입니다.

나는 오래 전에 질병의 자리에서 일어나면서 믿음이 무엇인지 배웠습니다. 치유를 받은 후 나는 일을 해야만 했습니다. 그리고 그때는 경제 공항시절이었으므로 직장을 찾는 것은 쉽지 않았습니다. 나는 식물원에서 복숭아나무를 뽑는 일은 할 수 있었습니다. 다른 한사람이 주문이 들어오는 대로 반대편에서 2년 된 복숭아나무를 뽑고 있었습니다. 나는 여러분들에게 이것이 얼마나 힘든 일인 것을 말하고 싶습니다. – 특별히 16개월 동안이나 병상에 있었고 이제 일어난 지 몇 달 안되는 나에게는 더욱 힘들었습니다.

매일같이 아침 해가 뜨기 전에 우리는 일을 시작하면서 사람들은 이렇게 말하였습니다. "나는 네가 오늘은 못 나올 줄 알았다. 어제도 두세 명이 그만 두었어."

나는 돌아다니면서 사람들을 일방적으로 밀어붙이는 일을 해야된다고 생각하진 않았지만 나는 하나님을 증거해야 한다고 생각했습니다. 그리고 그들이 그런 말을 할 때 이것이 바로 나에게 증거할 수 있는 기회라고 생각했습니다.

"주님이 아니었으면 나도 못 나왔을 거야. 하나님의 능력이 나의 힘이니까. 성경은 '주님께서 내 삶의 힘'이라고 하셨어. 내 삶은 영적인 것뿐만 아니라 육체적인 것도 포함하니까 주님은 내 삶의 힘이시지"라고 나는 대답하곤 했습니다.

내가 이런 말을 할 때 어떤 소년들은 나에게 화를 냈습니다. 그러나 나는 웃으며 말했습니다. "주님 찬양합니다. 나는 내일도 오고 또 그 다음 날도 올 수 있어요. 주님이 나의 힘이시니까요."

만일 내가 나의 느낌으로 살았다면 나는 그날 자리에서 일어날 수도 없었습니다! 내 인생에서 그렇게 약할 때는 없었습니다. 나는 정말 할 수 없다고 느꼈습니다. 그러나 나는 그냥 말씀대로 행했습니다. 나는 믿음이 무엇인지 알았기 때문에 나는 말씀을 따라 행동하였습니다.

나는 아버지께, 예수님께, 성령님께, 또 마귀에게도, 내 자신에게도, 나에게 물어 보는 다른 소년들에게도 "주님은 나의 힘입니다"라고 말하곤 했습니다. 그러나 사실 나는 일을 시작하기 전까지는 어떤 도움도 받지 못했었습니다.

많은 사람들이 무엇을 먼저 받고 그 받은 것을 믿기 원합니다. 그러나 당신은 그 받은 것을 먼저 믿고 그리고 그 후에 받게 되는 것입니다.

매일 아침 일을 시작할 때 전혀 힘이 없었지만 첫 번째 나무(어떤 때는 두 번째 나무)를 뽑기 시작할 때 나는 내 머리를 무엇엔가 얻어맞은 것 같이 느꼈습니다. 그것이 내 온 몸 전체에 흘러 퍼지고 내 손가락과 발가락으로 나갑니다. 그러면서 나는 온종일 용감한 트로이 용사같이 일을 합니다.

250파운드 나가는 한 사람이 내게 "250파운드나 나가는 내가 여기서 나가면 남아 있는 사람은 하나도 없을 거야"라고 말했습니다. 나는 "알톤, 하나님은 250파운드 보다 더 나가신다. 네가 이 일을 못하고 그만 두어도 나는 그냥 여기 남아있을 거야"라고 대답했습니다. 그러면 그는 화를 버럭 냈습니다. 그러나 그날 오후 3시쯤 그는 그만 쓰러졌고 나만 혼자 남게 되었습니다. 자연적으로 보면 나는 가장 약하고 몸이 마른 사람이었습니다. 그러나 그 중에 남은 것은 나 혼자였습니다. 나는 하나님의 말씀을 증명한 것입니다.

당신은 하나님의 말씀이란 것이 좋은 것이라는 것을 안다고 말할지 모릅니다. 그러나 당신이 행동을 하고 그 결과를 거둘 때 까지는 진정으로 알 수 없습니다.

그리고 나는 이것이 믿음이라고 여러분에게 말하고 있는 것입니다. 믿음은 소망하고 있는 것을 실체로 주는 것입니다. 나는 하나님의 말씀에 따라 행동을 했습니다. 나는 일을 하러 갔습니다. 나는 일을 할 수 있는 육체적인 힘을 소망했습니다. 그러나 나의 그 믿음이 내가 소망하는 그 일에 실상을 부여한 것입니다. 믿음은 말합니다. "하나님은 내 삶의 힘이시다." 내가 이 하나님의 말씀에 따라 행동을 하자 믿음은 내가 이 소망하는 일에 실상을 준 것입니다.

많은 사람들이 그냥 소망만 하고 있습니다. - 그리고 거기서 그칩니다. 그러나 그것으로는 안됩니다. 믿음은 소망하는 것들의 실상입니다. 만일 당신이 "하나님께서 내 기도를 들어주시기를 나는 소망합니다."라고 말하며 그것으로 끝난다면 하나님은 당신의 기도를 듣지 않았고 응답도 없습니다. 그렇지만 당신의 믿음은 그 기도에 응답을 실상으로 줄 수 있습니다.

이것을 기억하십시오: 소망은 말합니다. "나는 언젠가는 가질 것입니다." 그러나 믿음은 말합니다. "나는 지금 가졌습니다"라고 말합니다.

요한 웨슬리는 "마귀가 교회에 믿음의 대용품을 주었는데 그것은 보고 듣기에는 얼마나 비슷한지 많은 사람들이 그 차이점을 잘 모릅니다"라고 말했습니다. 그리고 그는 그것을 '지적 동의' 라고 불렀습니다.

많은 사람들이 하나님의 말씀을 보고 그것이 정말 진리라고 인정합니다. - 그러나 그들은 마음으로만 동의하고 있는 것입니다. 그것은 일을 이루지 못합니다. 하나님으로부터 받을 수 있는 것은 심령의 믿음입니다. 성경이 말하고 있는 것을 보십

시오. "사람이 마음(심령)으로 믿어 의에 이르고…."(롬 10:10)
예수님은 마가복음 11장 23절에서 이렇게 말씀하십니다. "내가 진실로 너희에게 이르노니 누구든지 이 산더러 들리어 바다에 던져지라 하며 그 말하는 것이 이루어질 줄 믿고(이것은 심령으로 믿는 것입니다) 마음에 의심하지 아니하면(여기에 언떤 단어도 머리에 대하여 언급하고 있지 않습니다) 그대로 되리라."

당신은 "어떻게 내가 심령으로 믿는지 혹은 내 머리로 동의만 하고 있는 것인지 알 수 있습니까?"라고 물을 수도 있겠지요. 그것이 만일 단순한 지적인 동의나 혹은 지적 합의라고 한다면 그것은 이렇게 말할 것입니다. "나는 하나님의 말씀이 진리인줄 압니다. 나는 하나님이 치유와 성령님을 약속하신 것을 압니다. 그러나 무슨 이유인지 나는 그것을 가질 수가 없습니다. 그리고 이해 할 수 없습니다."

하나님 말씀 안에 있는 진짜 믿음은 이렇게 말합니다. "만일 하나님 말씀이 그렇다고 한다면 그것은 그런 것입니다. 그것은 내 것입니다. 나는 지금 그것을 가지고 있습니다." 진짜 믿음은 또 이렇게 말합니다. "나는 그것을 보지 못해도 그것을 가지고 있습니다."

우리의 본문 성경 구절은 믿음이 "보지 못하는 것들의 증거"라고 말합니다. 진정한 심령의 믿음으로 기도를 해보지 않은 사람은 이렇게 말할 수 있습니다. "나는 기도하던 것들이 이루어지는 것을 보지 못했습니다. 그러므로 나는 아직 응답을 받지 못한 것입니다." 만일 응답을 벌써 받았다면 – 만일 당신이 그것을 이미 가졌다면 – 당신은 그것을 믿을 필요도 없습니다. 당신은 그것을 알 것입니다.

아는 단계에 이르기 위해서는 먼저 믿는 단계를 거쳐야 합니다. 많은 사람들이 먼저 알고 나서 믿기를 원합니다. 다시 말해 그들의 관점은 이미 이루어진 후에야 그것을 알게 되는 것입니다. 그러나 우리는 하나님의 말씀이 그렇게 말하기 때문에 그렇게 될 것을 압니다. – 그러면 실체가 나타나게 됩니다.

예수님이 마가복음 11장 24절에서 말한 것을 주의해 보십시오. "그러므로 내가 너희에게 말하노니 무엇이든지 기도하고 구하는 것은 받은 줄로 (믿으라) 그리하면 너희에게 (그대로 되리라)" 그대로 되는 것은 믿은 다음에 온다는 것을 주목하십시오. 대부분의 사람들이 그것을 뒤집어 놓기 원합니다. 흔히 쓰는 말로 예수님은 "네가 갖기 전에 가졌다고 믿어야 한다"라고 말씀하고 계십니다.

내 몸의 모든 증상이 "너는 아직 치유를 받지 못했어"라고 소리를 지르는 동안에도 내가 먼저 치유를 받았다고 믿지 않고서는 내 몸이 치유 받을 수 없었습니다. 나는 내 육신에게 그냥 간단히 말했습니다. "성경은 말했다. '하나님이 진리이시고 다른 모든 사람은 거짓말쟁이다……' 그래서 네가 내 몸이 치유를 받지 못했다고 말한다면 너는 거짓말쟁이다. 하나님의 말씀은 내가 치유 받았다라고 말씀하신다." 내가 이렇게 행동을 할 때 결과는 백발백중 나타납니다. 반대로 만일 어떤

믿음은 (Now Faith Is)

사람이 앉아서 끙끙거리고 한숨이나 쉬고 불평과 불만하면서 무슨 일이 일어나기만을 바란다면 – 그의 모든 증상이 없어지기를 기다리고, 하나님을 믿기도 전에 그의 믿음에 육신이 다 반응하기만을 기다린다면 – 순서가 잘못된 것입니다. 그리고 별로 오래 갈 수도 없습니다.

도마는 "내가 그 손의 못 자국을 보며 내 손가락을 그 못 자국에 넣으며 내손을 그 옆구리에 넣어 보지 않고는 믿지 아니하겠노라"고 말했습니다. 그리고 예수님이 그에게 나타나셨을 때 도마는 말했습니다. "나의 주님이시요 나의 하나님이시니이다"(요 20:28).

예수님이 도마에게 말씀하셨습니다. "너는 나를 본 고로 믿느냐?" 다시 말하면 도마는 당신과 내가 예수님의 부활을 믿는 것 같은 방법으로 믿지 않았습니다. 그는 그의 육신적인 눈으로 예수님을 보았기 때문에 믿었습니다. 우리는 하나님의 말씀이 그렇다고 하기 때문에 믿습니다.

어떤 사람들은 깨닫지 못하면서 이렇게 말합니다. "나는 신령한 치유를 믿어 누구누구가 치유 받는 것을 보았단 말이야." 나는 본 것 때문에 하나님의 치유함을 믿는 것이 아닙니다. 나는 하나님의 말씀이 그렇다고 말하므로 믿습니다.

그와 마찬가지로 나는 다른 사람들이 방언을 말하고 그것을 믿기 때문에 방언을 믿는 것이 아닙니다. 나는 성경이 말하고 있는 것을 믿습니다. 나는 보고 듣는 것을 믿지 않습니다. 나의 믿음은 내가 보고 듣는 것에 있지 않습니다. 나의 믿음은 하나님의 말씀에 있습니다. 우리가 우리의 믿음을 그런 단계까지 도달시킨다면 우리는 순서가 맞고 올바르게 선 것이고 그럴 때 결과가 나타납니다.

도마는 사실상 이렇게 말한 것입니다. "나는 내가 볼 때 까지는 안 믿을 것이다." 그리고 예수님은 말씀하셨습니다. "너는 나를 본 고로 믿느냐 보지 못하고 믿는 자들은 복되도다." 그런 사람들이 복 받은 사람입니다!

도마의 믿음과 아브라함의 믿음을 비교해 봅시다.

> 롬 4:17-21
> 17 기록된 바 내가 너를 많은 민족의 조상으로 세웠다 하심과 같으니 그가 믿은 바 하나님은 죽은 자를 살리시며 없는 것을 있는 것으로 부르시는 이시니라
> 18 아브라함이 바랄 수 없는 중에 바라고 믿었으니 이는 네 후손이 이같으리라 하신 말씀대로 많은 민족의 조상이 되게 하려 하심이라
> 19 그가 백세나 되어 자기 몸이 죽은 것 같고 사라의 태가 죽은 것 같음을 알고도 믿음이 약하여지지 아니하고
> 20 믿음이 없어 하나님의 약속을 의심하지 않고 믿음으로 견고하여져서 하나님께 영광을 돌리며
> 21 약속하신 그것을 또한 능히 이루실 줄을 확신하였으니

도마의 믿음과 아브라함의 믿음의 차이를 주목해 보십시오. 도마는 "나는 보고 느끼기 전에는 믿지 않을 거야"라고 말하는 자연적인 인간적 믿음만을 가졌습니다. 그러나 아브라함은 그의 몸을 생각하지 않고 하나님의 말씀을 믿었습니다. 만일

그가 자신의 몸을 믿지 않았다면 그는 육신적인 시력이나 육체적인 감각을 믿지 않은 것입니다. 그렇다면 그는 무엇을 믿는 것입니까?" 하나님의 말씀입니다!

　수년 전 나는 내 심장의 문제를 치유 받고 나서 많은 사람들이 가지고 있는 것과 같은 문제로 헤매고 있었습니다. 놀랄만한 심장병의 증세가 나한테 돌아 온 듯 했습니다. 비록 내가 기도를 하며 약속의 말씀위에 서 있었지만 밤이 되면 아주 고통스러워 잠을 잘 수가 없었습니다.

　나는 말했습니다. "주님, 나는 좀 쉬어야겠어요." 그 때 주님이 내게 말씀하셨습니다. "네 자신의 몸을 생각하지 말아라." 그래서 나는 마음을 푹 놓고 "고맙습니다"라고 말하고 내 마음을 내 몸에서 떼어 놓고 잠이 들었습니다.

　내가 깨었을 때 또 같은 증상들이 있었습니다. 나는 말했습니다. "주님, 나는 내 몸을 생각하지 않겠습니다. 나는 어떻게 해야 할까요?" 주님은 내게 말했습니다. "너는 믿음의 시작이요 끝이요 대제사장이신 그분을 생각하라" 주님은 내가 생각할 것과 생각하지 않아야 할 것을 말씀해 주셨습니다.

　즉시 나는 마음속에 주님을 두었습니다. 그리고 그가 나를 위해서 하신 일들을 생각하기 시작하였습니다. 나는 주님이 '우리 연약한 것을 친히 담당하시고 병을 짊어지신' (마 8:17) 것을 생각하였습니다. 내가 내 자신의 몸을 생각하지 않고 내 마음과 정신을 주님께 집중하자 나는 잠에 빠져 들어갔고 모든 증상이 없어졌습니다.

너무나 자주 우리들은 잘못된 것에 집중합니다. 우리는 치유에 있어서 우리 몸과 증상들을 생각합니다. 그것이 우리가 생각하고 보는 것입니다. 그리고 그것을 생각하면 생각할수록, 보면 볼수록 우리는 점점 더 악화되는 것입니다. 어떤 사람은 이렇게도 말합니다. "하나님은 아직 내 기도를 듣지 않으셨습니다. 나는 점점 더 악화되고 있습니다. 나는 아마도 수술을 받아야 될 것 같습니다." 그리고 그들은 그렇게 되고 맙니다.

내가 집회를 했던 한 교회에서 어떤 여자가 언제든지 기회만 있으면 간증을 하곤 했습니다. 그리고 간증이 끝날 때 마다 그 여자는 이렇게 말하였습니다. "여러분 나를 위하여 기도해 주세요. 나는 암을 가지고 있는 것으로 믿습니다." 결국 그 목사는 그 간증에 싫증이 났습니다. 그래서 그 여자의 간증이 끝난 후 그는 일어서서 말했습니다. "자매님, 그렇습니다. 그냥 계속해서 믿기만 하면 암도 가질 수 있습니다. 예수님이 '네 믿음대로 될지어다' 라고 말씀하셨기 때문입니다."

어떤 사람들은 말합니다. "해긴 목사님, 저를 위하여 기도해 주세요. 나는 감기가 오는 것으로 믿습니다." 내가 기도하는 것이 아무 소용이 없습니다. 왜냐하면 그들은 그들이 감기에 걸릴 것이라고 믿기 때문에 감기에 걸릴 것입니다. "너희 믿음대로 될지어다." 당신이 계속 믿기만 한다면 당신은 분명히 그것을 갖게 될 것입니다. 잘못된 것을 생각하고 바라보지 마십시오.

어떤 사람들은 내가 말하는 것에 부분적으로만 이해합니다.

그들은 나의 가르침이 기독교 과학(Christian Science)에서 가르치는 것 같다고 생각하지만 그들과 나는 낮과 밤이 다른 것만큼이나 다릅니다. 어떤 의사는 "이것은 기독교인의 과학이 아니고 기독교인의 분별력입니다"라고 말합니다.

우리는 이런 증상들을 부정하는 것이 아닙니다. 왜냐하면 그 증상은 실제적인 것이기 때문입니다. 고통은 아주 실제적인 것입니다. 죄도 실제적인 것입니다. 마귀도 실제적입니다. 그러나 하나님의 말씀이 가르치는 것을 주의하십시오. "아브라함은 그의 몸을 생각하지 아니하였다"고 했습니다. 그러므로 당신의 몸을 생각하지 마십시오. 그러면서 그분 예수님, 우리의 대제사장이신, 우리 믿음의 처음이자 마지막이신 그분을 생각하십시오.

그분이 당신을 위해서 하신 일과 그분이 대제사장이기 때문에 지금도 당신을 위하여 하시는 일을 생각하는 것에 주의를 집중하십시오. 그분은 지금 바로 당신을 위해서 무엇인가를 하고 계십니다. 그는 하나님의 보좌 옆에서 당신을 위하여 중보하고 계십니다.

히 4:14
그러므로 우리에게 큰 대제사장이 계시니 승천하신 이 곧 하나님의 아들 예수시라 우리가 믿는 도리를 굳게 잡을지어다

나는 여러분이 이것에 주의하시기 바랍니다. "우리에게 대제사장이 있으니……." 혹은 여러분들이 이것을 더 좋아할 수

도 있습니다. "이것은 우리에게 그런 대제사장이 있으므로 우리의 고백을 굳게 잡자"

희랍어의 '고백'이라는 말을 찾아보면서 내가 발견한 것은 이 말씀은 "같은 것을 말함으로써 잡은 것을 굳게 하자"는 뜻이라는 것을 알았습니다.

예수님은 하나님의 보좌에서 우리를 대표하고 계십니다. 그리고 그는 말씀하십니다. "나는 그들을 대신 했습니다. 나는 그들을 위해서 그들의 자리에 올라 대신 죽었습니다." - 그는 자신을 위하여 죽지 않았습니다. 그는 그 자신을 구원할 필요가 없었습니다. - 그는 죄인이 아니었습니다. 그는 우리를 위해서 죽었습니다. 그는 나를 대신하신 것입니다. 그는 나의 죄를 짊어지셨습니다. 그는 나의 질병을 담당하였습니다. 그는 나의 아픔을 가져 가셨습니다. 그는 나를 위하여 죽었습니다. 그는 나를 위해서 죽음에서 일어나셨습니다. 그는 나를 위하여 승천하셨습니다. 그는 지금 거기서 이렇게 말씀하시고 계십니다. "나는 너를 위해서 이 모든 일을 하였다."

그리고 우리도 여기서 똑같은 것을 말함으로 굳게 잡아야 하겠습니다. 이렇게 할 때 마귀는 도망갑니다. 당신 자신을 바라보지 말고 당신이 해야할 일에 주의를 집중하십시오.

잠 4:20-22
20 내 아들아 내 말에 주의하며 내가 말하는 것에 네 귀를 기울이라
21 그것을 네 눈에서 떠나게 하지 말며 네 마음 속에 지키라
22 그것은 얻는 자에게 생명이 되며 그의 온 육체의 건강이 됨이니라

많은 사람들은 그들이 실패하는 것을 바라보기 때문에 실패합니다. 내가 위의 성경 구절을 처음 보았을 때 그것이 내 인생에 있어 전환점이 되었습니다. 그때까지 나는 항상 나 자신을 죽은 사람으로 보았습니다. 나는 죽어가는 내 자신의 모든 모습을 내 마음속에 세밀하게 그려 보고 있었습니다. 그러나 내가 이 성경 구절을 읽은 후에는 건강한 내 자신의 모습을 볼 수 있었습니다.

나는 살아있는 나 자신을 보기 시작했습니다. 나는 나의 심장병 때문에 할 수 없었던 모든 일들을 하고 있는 나 자신을 보기 시작했습니다.

나는 하나님께서 나를 설교자로 부르신 것을 알았습니다. 그리고 나는 나 자신이 설교하는 것을 보았습니다. 나는 그것을 위해서 준비하기 시작했습니다. 나는 종이와 연필과 성경을 준비하고 설교 준비를 하기 시작했습니다. 그 준비한 것들은 설교할 만한 것들이 아니었습니다. - 그 중에 하나만 내가 설교를 하였습니다. - 그렇지만 나는 준비하기 시작했습니다. 많은 사람들은 그들 자신이 실패할 준비를 하기 때문에 실패합니다.

주님이 말씀하신 것을 주의해 보십시오. "그것(말씀)들을 네 눈에서 떠나지 말게 하라." 잠깐만 생각해 보십시오. 마태복음 8장 17절에서 하나님의 말씀은 예수님께서 너희의 연약함을 담당하셨고 우리의 질병을 짊어지셨다고 하는데 만일 이런 말씀이 당신의 눈을 떠나지 않게 한다면 당신 자신을 연약함도 없고 질병도 없는 모습으로 볼 수밖에 없겠지요?

당신은 당신이 건강한 모습을 볼 수 있습니다! 만일 당신이 질병과 아픔이 없는 당신 자신을 볼 수 없다면 그리고 건강한 당신을 볼 수 없다면 당신의 눈에서 그 말씀이 떠났다는 말이 됩니다. 그렇게 되면 하나님께서는 그의 말씀대로 당신의 삶 속에서 역사하시기를 원해도 하실 수 없습니다. 왜냐하면 당신이 하나님의 말씀대로 행하지 않기 때문입니다.

어떤 사람들은 말씀이 그들에게 요구하고 있는 것은 아무 것도 하지 않으면서도 하나님이 그들을 위해 무엇인가를 해주실 것을 믿습니다. 그런 사람들의 생각을 이해하는 것은 내게 참 어려운 일입니다. 하나님은 그렇게 하시는 분이 아닙니다. 하나님은 그렇게 하실 수 없습니다! 하나님이 그렇게 하시길 원한다 해도 하나님은 그렇게 하실 수 없습니다. 만일 그렇게 한다면 하나님은 그 말씀을 어기는 것이고 그 자신을 거짓말하는 자로 만들기 때문입니다. 그리고 성경은 하나님이 거짓말을 하실 수 없다고 말합니다.

여기 잠언에서 하나님께서 그분의 약을 먹는 방법을 지시하고 있는 것을 볼 수 있지요? 그가 지시한대로 하십시오! 22절에서 하나님은 말씀하십니다. "그것을 얻는 자에게 생명이 되며 그 온 육체의 건강이 됨이니라."

히브리말의 '건강' 이라고 번역된 원어는 '약' 이라는 말입니다. 다시 말하면 "나의 말은 모든 육체의 약이다"라고 하시는 것입니다. 그리고 처음 두 구절에서 (20절, 21절) 우리가 그 약을 어떻게 먹어야 되는지에 대해서 지시하고 있는 것을 알 수 있습니다!

하나님께서 약을 가지고 계십니까? 그렇습니다. 하나님께 감사합니다. 하나님께는 약이 있습니다. 그의 말씀은 그것을 찾는 자에게 생명이고 모든 육체에 약이 됩니다. 그러나 그 약의 도움을 잘 받으려면 지시에 따라 복용해야 합니다. 그리고 그 지시 중에 하나는 "네 눈에서 내 말씀을 떼어 놓지 말라"는 것입니다. 계속하여 말씀이 말하는 것을 바라보십시오.

만일 하나님의 말씀이 하나님께서 당신의 기도를 듣고 응답하셨다고 말한다면, 그리고 그 말씀이 당신 눈에서 떠나지 않는다면 당신은 당신의 기도가 응답된 자신의 모습을 볼 수 있을 것입니다!

많은 사람들이 응답된 자신의 모습을 보지 못하기 때문에 기도 생활에 실패합니다. 그들은 그냥 모든 것이 악화되어 가는 것을 볼 뿐입니다. 그들은 잘못된 것을 보고 있는 것입니다. 그래서 그들은 불신앙 안에 살면서 그들의 기도 효과를 무효화 시키는 것입니다.

당신의 마음을 응답위에 올려놓으십시오. 반대되는 증상 앞에서도 하나님의 말씀이 그렇게 말하고 있기 때문에 기도는 응답된 것이라고 항상 긍정적으로 말하십시오. 당신의 눈에서 하나님의 말씀을 떠나지 않게 하고 있을 때 결과가 나타납니다.

이것은 예수님이 마가복음 11장 24절에서 말씀한 것과 일치

됩니다. "… 무엇이든지 기도하고 구하는 것은 받은 줄로 믿으라 그리하면 너희에게 그대로 되리라." 당신은 받기 전에 믿어야 하는 것입니다.

어떤 사람들은 "나는 보지 못한 것은 믿을 수가 없습니다"라고 말합니다. 육신적이고 자연적인 것에서도 우리는 많은 것을 보지 못하고 믿습니다.

이 세상은 폭탄이 터지면서 눈에 보이지 않는 방사성 물질을 대기 가운데로 내보내는 것에 대하여 걱정하고 있습니다. 이것은 우리가 볼 수도 없고 만질 수도 없습니다. – 그러나 이것은 파괴적인 능력이 있습니다. 과학자들은 그들이 볼 수 없는 많은 것들을 믿고 있습니다. 그러면서 어떤 사람들은 하나님이 우리들로 하여금 보지 못하는 것들을 믿으라고 하는 것은 터무니없는 일이라고 생각합니다!

사람들이 보이지 않는 방사능 물질로 인해서 놀라며 보지도 못하고 감각하지도 못하면서 그것을 믿는 것처럼 나는 성령께서 하시는 – 하나님의 보이지 않는 능력 – 말씀을 내가 느끼거나 보지 못해도 나는 믿습니다.

우리의 집회에서 일어났던 가장 놀라운 치유들은 내가 아무 것도 느끼지 못한 가운데 일어났습니다. 예배가 죽었다고 느낄 때 가장 놀라운 일들이 일어났습니다. 느낌은 아무 것도 아닙니다. 하나님은 지금도 살아계십니다. 그분은 능력이 있으신 분입니다. 나는 나의 믿음을 느낌에 근거하지 않습니다. 나는 믿음을 하나님이 말씀하신 것에 근거합니다. 그리고 하나님은 말씀하셨습니다. "내가 과연 너희를 버리지 아니하고 과연 너희를 떠나지 아니하리라."

하나님이 히브리서 13장 5절과 6절에 말씀하신 것을 기억하십시오. "…… 그가 친히 말씀하시기를 내가 결코 너희를 버리지 아니하고 너희를 떠나지 아니하리라 하셨느니라 그러므로 우리가 담대히 말하되 주는 나를 돕는 이시니 내가 무서워하지 아니하겠노라 사람이 내게 어찌하리요 하노라."

당신은 이렇게 말하고 있습니까? 당신은 담대히 "주님은 나를 돕는 이시라"라고 말합니까? 이것이 당신이 말해야 할 것입니다!

그러나 어떤 사람들은 이렇게 말하고 있습니다. "주님이 나를 버리셨어. 나를 위해 기도해 주세요. 나는 예전에 느꼈던 것 같이 느낄 수 없어요." 당신의 느낌은 그 일과는 아무 상관이 없습니다. 주님은 당신을 결코 떠나지 않겠다고 하셨습니다!

그리고 어떤 사람들은 이렇게 말합니다. "내가 일을 잘 해낼 수 있을 지 모르겠습니다. 잘 되었으면 좋겠습니다. 여러분 내가 끝까지 믿음을 잡을 수 있게 기도해 주세요." 그것은 하나님이 우리에게 담대하게 말하라고 하신 것이 아닙니다!

많은 사람들이 담대히 말합니다. "나는 큰일 났습니다. 나는 끝났습니다. 마귀가 나를 묶어 버렸습니다." 그러나 성경 어디에도 그런 말을 담대히 하라고 우리에게 말하지 않았습니다!

하나님은 말씀하십니다. "내가 결코 너희를 버리지 아니하고 너희를 떠나지 아니하리라." 그래서 당신은 담대하게 이렇게 말할 수 있습니다. "주님은 나를 도우시는 분입니다." 자, 지금부터 틀린 것을 말하지 말고 올바른 것을 말하기 시작하십시오.

이렇게 말하십시오. "주님은 나를 도우시는 분입니다." 그렇지요?

이렇게 말하십시오. "주님은 나를 치유하시는 분입니다." 그렇지요?

이렇게 말하십시오. "그가 나의 연약함을 담당하셨고 나의 질병을 지셨습니다." 주님이 그렇게 하셨지요?

옳은 것을 계속하여 말하십시오. 옳은 것을 믿으십시오.

사람들을 실패하게 만드는 것은 잘못된 생각과 잘못된 믿음과 잘못된 말입니다. 마귀는 당신을 패배하게 만들 수 없습니다. 예수님은 벌써 당신을 위해 마귀를 패배시켰습니다. 사단이 당신을 패배하게 만들 수 없습니다. 당신이 당신 자신을 패배하게 하는 것입니다! (만일 사단이 승리 한다면 당신이 그것을 허락했기 때문입니다. 이것은 무지하기 때문에 동의한 것입니다.)

하나님은 말씀을 우리에게 주셨고 그것을 통해 우리가 올바로 생각하게 하셔서 우리의 믿음을 올바르게 하신 것입니다. 우리의 생각이 옳다면 우리의 믿음이 옳고, 그러면 우리가 옳은 것을 말할 수 있게 됩니다.

주님은 나를 도우시는 분입니다. 주님은 나의 힘이 되십니다. 말씀에 의한 믿음은 이렇게 말합니다. "하나님이 그렇다고 하면 - 그러면 그런 것입니다. 만일 하나님이 '그가 채찍에 맞으므로 너희가 나음을 입었도다' 라고 하면 - 나는 치유를 받은 것입니다. 만일 하나님이 '나의 모든 필요를 채우시리라' 라고 하면 - 그것은 채워지는 것입니다. 만일 하나님이 '그가 나의 삶에 힘이시라' 고 하시면 - 그것은 정말로 그런 것입니다."

다시 말하면 진정한 믿음이란 하나님이 그것에 대해서 말씀하시는 것을 그대로 믿는 것입니다.

하나님께 감사합니다. 나는 하나님께서 내가 가졌다고 하는 그것을 나는 가졌습니다! 말씀이 내가 누구라고 말하고 있는 그대로가 바로 나인 것입니다! 만일 하나님께서 너는 강하다라고 하면 - 나는 강한 것입니다! 만일 하나님께서 너는 치유되었다라고 하면 - 나는 치유 받은 것입니다! 만일 하나님이 나를 사랑하신다고 하면 - 하나님이 나를 사랑하시는 것입니다! 그래서 나는 간단히 조용하게 하나님의 말씀에 안식합니다. 말씀은 이렇게 말하기 때문입니다. "이미 믿는 우리들은 저 안식에 들어가는도다……"(히 4:3). 나는 믿습니다. 그래서 육신적이고 자연적인 감각을 만족시키는 증거와는 상관없이 조용하게 말씀에 안식합니다.

진정한 믿음은 말씀에 세워집니다. 말씀을 묵상하십시오. 말씀을 깊이 파십시오. 말씀으로 양육되십시오. 그렇게 하면 육신의 음식을 먹고 난 그것이 당신의 몸의 한 부분이 되어지듯이 말씀이 당신의 한 부분이 될 것입니다.

자연적 음식이 육신적인 사람에게 필요하듯이 하나님의 말씀은 영적인 사람에게 필요합니다. 말씀이 당신 속에 – 진정한 당신, 속사람 – 확신과 자신감으로 지어져 갈 것입니다. 믿음은 들음으로 오고 들음은 하나님의 말씀으로 말미암습니다.

제 3 장
사람의 심령 (The Heart of Man)

롬 10:10
사람이 마음으로 믿어 의에 이르고 입으로 시인하여 구원에 이르느니라

막 11:23
내가 진실로 너희에게 이르노니 누구든지 이 산더러 들리어 바다에 던져지라 하며 그 말하는 것이 이루어질 줄 믿고 마음에 의심하지 아니하면 그대로 되리라

    두 성경 구절은 모두 심령으로 믿는 믿음을 말하고 있습니다. 이런 표현을 주의하십시오. '마음(heart)으로 믿어' '마음(heart)에 의심하지 아니하면' 나는 수년 동안 열심히 '심령(with the heart)으로' 믿는 것이 무슨 뜻인지에 대한 만족할 만한 설명을 찾아보았습니다.
    우리는 이 성경 구절에서 사용되는 '심령'이라는 말이 우리들의 몸 속에서 피를 펌프질하여 우리의 육신을 살아가게 하는 육체적 기관인 심장을 말하고 있는 것은 물론 아니라는 것을 알아야 하겠습니다.

'심령'이라는 말은 인간의 육체적인 기관을 말하고 있는 것이 아닙니다. 만일 그렇게 되면 이 구절은 우리의 육신으로 믿을 수 있다는 것을 의미하게 됩니다. 당신은 당신의 손이나 손가락으로 하나님을 믿을 수 없는 것과 같이 육체적 기관인 심장으로도 믿을 수가 없습니다.

'심령'이라는 말은 생각을 전달하기 위해서 사용되었습니다. 어떻게 우리가 '심장'이란 말을 사용하는지 생각해 봅시다. 우리가 '나무의 심장'이란 말을 쓸 때 그것은 무엇을 의미합니까? 그것은 아주 핵심적인 중심을 말합니다. 우리는 어떤 주제의 심장에 대해 우리는 무엇을 가리키고 있습니까? 우리는 그 주제의 가장 중요한 부분을 말하고 있는 것입니다. 가장 중앙에 다른 모든 것들에 의해 둘러싸인 정말 중심적인 부분을 말합니다. 그리고 하나님이 '인간의 심령'이라고 말씀하실 때 하나님은 사람의 중심을 말하고 있는 것입니다. 사람의 가장 가운데 있는 것 - 그것은 영입니다.

사람은 영입니다

> 살전 5:23
> 평강의 하나님이 친히 너희를 온전히 거룩하게 하시고 또 너희의 온 영과 혼과 몸이 우리 주 예수 그리스도께서 강림하실 때에 흠 없게 보전되기를 원하노라

'사람의 영'이나 '사람의 심령'이라는 말은 성경 전체를 통

하여 번갈아가며 혼용되고 있습니다. 우리는 사람이 영이란 것을 압니다. 왜냐하면 우리는 하나님의 형상을 따라 지어졌기 때문입니다. 그리고 예수님은 이렇게 말씀하셨습니다. "하나님은 영이시다"(요 4:24). 우리가 육체적으로 하나님과 비슷하다는 것이 아닙니다. 성경은 하나님은 사람이 아니라고 말하고 있습니다.

사도 바울은 그가 로마에 쓴 편지에 다음과 같이 말하고 있습니다. "표면적 유대인이 유대인이 아니요 표면적 육신의 할례가 할례가 아니니라 오직 이면적 유대인이 유대인이며 할례는 마음에 할지니 영에 있고 율법 조문에 있지 아니한 것이라 그 칭찬이 사람에게서가 아니요 다만 하나님에게서니라"(롬 2:28, 29). 이 구절에 의하면 심장은 영입니다.

니고데모에게 예수님은 "너는 거듭나야 한다"(요 3:7)고 말씀하셨습니다.

자연적인 니고데모는 인간이므로 자연적으로 밖에 생각할 수 없기 때문에 이렇게 물었습니다. "사람이 늙으면 어떻게 태어날 수 있나이까? 사람이 자기 어머니의 태에 두 번씩 들어갔다가 태어날 수 있나이까?"(4절)

예수님은 대답하셨습니다. "육으로 난 것은 육이요 영으로 난 것은 영이니라"(6절). 새로운 탄생은 인간의 영이 다시 태어나는 것입니다.

예수님은 사마리아의 우물가에서 만난 여인에게 이렇게 말씀하십니다. "하나님은 영이시니 예배하는 자가 영과 진리로 예배할지니라"(요 4:24). 우리는 하나님을 우리의 몸과 마음으로는 만날 수 없습니다. 우리는 하나님을 우리의 영으로만 만날 수 있습니다.

영은 마음이 아닙니다. 고린도전서 14장 14절은 이렇게 말하고 있습니다. "내가 만일 방언으로 기도하면 나의 영이 기도하거니와 나의 마음은 열매를 맺지 못하리라."

영이 마음이라고 잘못 생각하는 사람도 있습니다. 그러나 이런 구절에서 보여주듯이 우리가 방언으로 기도하면 우리의 마음이나 혹은 인간의 생각으로 기도하는 것이 아니고, 우리의 가장 깊은 속사람으로부터 우리 영 안에 계신 성령님으로 말미암아 영이 기도하는 것입니다.

사도 바울은 계속해서 말합니다. "그러면 어떻게 할까? 내가 영으로 기도하고 또 마음으로 기도하며 내가 영으로 찬송하고 또 마음으로 찬송하리라"(15절).

다음 아름다운 구절들은 '의로운 사람들의 영이 완전하게 되어지는 것'을 말하고 있습니다.

> 히 12:18-24
> 18 너희는 만질 수 있고 불이 붙는 산과 침침함과 흑암과 폭풍과
> 19 나팔 소리와 말하는 소리가 있는 곳에 이른 것이 아니라 그 소리를 듣는 자들은 더 말씀하지 아니하시기를 구하였으니
> 20 이는 짐승이라도 그 산에 들어가면 돌로 침을 당하리라 하신 명령을 그들이 견디지 못함이라
> 21 그 보이는 바가 이렇듯 무섭기로 모세도 이르되 내가 심히 두렵고 떨린다 하였느니라

22 그러나 너희가 이른 곳은 시온 산과 살아 계신 하나님의 도성인 하늘의 예루살렘과 천만 천사와
23 하늘에 기록된 장자들의 모임과 교회와 만민의 심판자이신 하나님과 및 온전하게 된 의인의 영들과
24 새 언약의 중보자이신 예수와 및 아벨의 피보다 더 나은 것을 말하는 뿌린 피니라

나는 여러분들이 하나님의 말씀을 들여다볼 때 이런 사실들을 의식하기 바랍니다: 당신은 영입니다. 당신은 혼을 가지고 있고 몸에 살고 있습니다.

속사람

고후 4:16
그러므로 우리가 낙심하지 아니하노니 우리의 겉사람은 낡아지나 우리의 속사람은 날로 새로워지도다

사람은 속사람과 겉사람이 있습니다. 겉사람은 몸입니다. 속사람은 영입니다 – 영은 혼을 가지고 있습니다.

고전 9:27
내가 내 몸을 쳐 복종하게 함은 내가 남에게 전파한 후에 자신이 도리어 버림을 당할까 두려워함이로다

여기에 주목할 것이 있습니다. 몸이 진정한 사람이라면 바울은 이렇게 말하였을 것입니다. "나는 나를 억제하여 복종하

게 합니다." 그러나 바울은 몸을 '이것' 이라고 말하고 있습니다. '나' 라는 것은 속에 있는 사람이고 거듭난 속사람입니다. 바울은 이렇게 말하였습니다. "나는 몸으로 무엇을 합니다." 우리가 볼 수 있는 바깥사람은 진정한 우리가 아닙니다. 이것은 다만 진정한 우리가 살고 있는 집입니다.

우리는 이것으로 바울이 로마 교회에 쓴 서신서를 더 잘 이해할 수 있습니다.

> 롬 12:1, 2
> 1 그러므로 형제들아 내가 하나님의 모든 자비하심으로 너희를 권하노니 너희 몸을 하나님이 기뻐하시는 거룩한 산 제물로 드리라 이는 너희가 드릴 영적 예배니라
> 2 너희는 이 세대를 본받지 말고 오직 마음을 새롭게 함으로 변화를 받아 하나님의 선하시고 기뻐하시고 온전하신 뜻이 무엇인지 분별하도록 하라

설교한지 20년쯤 되었을 때에야 나는 위의 성경 구절에서 나를 놀라게 하는 것을 발견하였습니다. 사도 바울은 이 편지를 믿지 않는 사람들한테 쓴 것이 아니라 믿는 사람들에게 쓴 것입니다. 편지는 이렇게 시작하고 있습니다. "로마에서 하나님의 사랑하심을 받고 성도로 부르심을 받은 모든 자에게 편지하노니"(롬 1:7). 바울은 거듭나고 성령 충만한 사람들에게 이 편지를 쓰고 있는 것입니다. 바울은 그들에게 이렇게 말합니다. "너희는 너희 몸과 마음에 무엇을 하여야 한다."

나는 여기서 사람들이 구원을 받고 성령에 충만함을 받았으

나 몸과 마음이 그것에 의해 영향을 받지 못한 것을 보고 정말 놀랐습니다.

새로운 탄생은 사람의 몸의 거듭남이 아니라 영의 거듭남입니다. 성령의 충만함은 육체적인 경험이 아니라 영적인 경험입니다.

이런 성경 구절에 의하면 우리는 우리의 몸으로 무엇인가를 해야만 합니다. 우리는 우리의 몸을 산 제사로 하나님께 드려야 합니다. 그리고 우리는 우리의 마음으로도 무엇을 해야만 합니다. 우리는 말씀으로 마음을 새롭게 하여야 합니다.

이것들은 우리가 해야 할 일이지 하나님이 하실 일들이 아닙니다. 하나님이 영생을 주십니다. 하나님이 그의 영을 우리에게 주십니다. 그러나 하나님은 우리의 몸에는 아무것도 하지 않습니다. 우리의 몸으로 무슨 일을 해야 된다고 하면 그것은 우리가 해야 할 일입니다.

말씀은 너희가 너희의 몸을 하나님께 드리라고 하십니다. 다른 사람이 대신하여 줄 수 있는 것이 아닙니다. 말씀은 우리가 우리의 마음을 새롭게 하여 변화해야 한다고 하십니다. 그래야 우리의 마음이 말씀으로 새로워 질 수 있습니다.

사람은 영입니다. 사람은 하나님과 그런 면에서 동일합니다. - 하나님의 형상을 따라 지어졌기 때문입니다. 어떤 사람들은 사람이란 그냥 동물이라고 믿게 하려고 합니다. 만일 그것이 사실이라면 소를 죽여서 먹는 것과 같이 사람을 죽여서 먹는 것이 별다를 바가 없을 것입니다.

사람은 지금 자기가 들어가 살고 있는 육체적인 몸을 가지고 있지만 동물은 아닙니다. 사람은 몸과 마음으로만 이루어져 있지 않습니다. 그는 영과 혼과 또 몸으로 이루어져 있습니다. 그는 영입니다 ; 그는 혼을 가졌습니다 ; 그는 몸에 살고 있습니다.

사람이 영이라는 사실이 동물과 구별되게 하는 것입니다. 어떤 그릇된 이단들은 창세기에서 히브리말로 하나님의 말씀이 동물의 혼이라는 것을 말하고 있다고 주장합니다. 그들은 동물이 우리와 같이 혼이 있으므로 사람도 죽으면 개가 죽었을 때와 다름이 없다고 주장합니다. 그리고 그들은 성경을 모두 자연적인 안목으로 해석하고 있습니다.

모든 동물도 혼이 있다는 것은 맞습니다. – 그러나 그들은 영이 아닙니다! 우리 기독교계에서 이런 용어들을 정말 잘 정의해 가르치지 못하고 있습니다. 동물에는 하나님과 같은 것이 없습니다.

하나님은 당신 자신의 무엇인가를 사람에게 불어넣으셨습니다. 하나님은 흙으로 사람을 지으셨습니다. 그러나 하나님은 사람의 코에 생명의 숨을 불어넣으신 것입니다.

사람의 창조에 있어 이 구절에 '숨'이라고 번역된 단어는 히브리말로 '루악' 입니다. '루악' 은 '숨' 이나 '영' 이라는 뜻이고 이것은 구약에서 여러 번 '성령' 으로 번역되었습니다. 하나님은 영이십니다. 그래서 그는 자신의 영을 취하여 사람에게 넣으신 것입니다. 그렇게 하셨을 때 사람은 살아있는 혼이 된 것입니다. 그때까지는 살아있지 않았습니다. 그러나 사람은 살아있는 혼이 된 것입니다. - 그는 그 자신에 대하여 의식하게 되었습니다.

동물도 혼이 있습니다. 혼은 지성과 감성을 가지고 있으므로 동물들도 지성과 감성을 가지고 있습니다. 그러나 이 모든 것은 동물에게는 육체 안에 있는 것입니다. 그래서 육체가 죽으면 모든 것이 없어집니다.

사람의 혼은 - 그의 지성과 감성 - 육체에 근거를 두고 있지 않고 영에 근거를 두고 있습니다. 그래서 몸이 죽어도 영은 혼과 함께 아직도 존재합니다.

눅 16:19-31
19 한 부자가 있어 자색 옷과 고운 베옷을 입고 날마다 호화롭게 즐기더라
20 그런데 나사로라 이름하는 한 거지가 헌데 투성이로 그의 대문 앞에 버려진 채
21 그 부자의 상에서 떨어지는 것으로 배불리려 하매 심지어 개들이 와서 그 헌데를 핥더라
22 이에 그 거지가 죽어 천사들에게 받들려 아브라함의 품에 들어가고 부자도 죽어 장사되매
23 그가 음부에서 고통 중에 눈을 들어 멀리 아브라함과 그의 품에 있는 나사로를 보고
24 불러 이르되 아버지 아브라함이여 나를 긍휼히 여기사 나사로를 보내어 그 손가락 끝에 물을 찍어 내 혀를 서늘하게 하소서 내가 이 불꽃 가운데서 괴로워하나이다
25 아브라함이 이르되 얘 너는 살았을 때에 좋은 것을 받았고 나

사로는 고난을 받았으니 이것을 기억하라 이제 그는 여기서 위로를 받고 너는 괴로움을 받느니라
26 그뿐 아니라 너희와 우리 사이에 큰 구렁텅이가 놓여 있어 여기서 너희에게 건너가고자 하되 갈 수 없고 거기서 우리에게 건너올 수도 없게 하였느니라
27 이르되 그러면 아버지여 구하노니 나사로를 내 아버지의 집에 보내소서
28 내 형제 다섯이 있으니 그들에게 증언하게 하여 그들로 이 고통 받는 곳에 오지 않게 하소서
29 아브라함이 이르되 그들에게 모세와 선지자들이 있으니 그들에게 들을지니라
30 이르되 그렇지 아니하니이다 아버지 아브라함이여 만일 죽은 자에게서 그들에게 가는 자가 있으면 회개하리이다
31 이르되 모세와 선지자들에게 듣지 아니하면 비록 죽은 자 가운데서 살아나는 자가 있을지라도 권함을 받지 아니하리라 하였다 하시니라

위의 구절에서 우리는 사람의 세 가지 부분인 영, 혼과 몸에 대한 분명한 가르침을 볼 수 있습니다.

22절을 보십시오. "그러다가 그 거지가 죽었는데 천사들이 그를 아브라함의 품으로 옮겼고 그 부자도 죽어서 장사 되었더라" 누가 옮겨졌다구요? 거지 –그의 몸이 아니라– 가 옮겨진 것입니다. 그의 영이 진정한 그 사람입니다. 그의 몸은 무덤에 있지만 진정한 그는 아브라함의 품에 있었습니다.

부자도 죽었습니다. 그의 몸은 무덤으로 갔지만 그러나 "지옥에서 고통 받는 중에 눈을 들어"보았습니다. 그리고 아브라

함의 육체는 무덤에 있은지 매우 오래되었지만 부자는 그를 보았습니다.

또 부자는 나사로도 알아보았습니다. 그러므로 영적인 영역에서는 사람의 모습이 이 세상에서의 모습과 비슷한 것 같습니다. 당신은 사람을 알아 볼 수 있습니다. 당신은 *그*가 누구인지 알 수 있습니다.

부자가 아브라함에게 소리 지를 때 아브라함은 그에게 말했습니다. "아이야 … 기억하라" 사람은 영이고 혼을 가지고 있습니다. 우리는 이 성경 구절에서 그의 혼이 아직도 그냥 있음을 알 수 있습니다. 그는 그의 감정을 그냥 가지고 있습니다. 그는 그의 다섯 형제들을 위해 걱정하고 있었습니다.

나는 지옥에 갔었습니다

내가 여러 번 설교에서 언급한 것과 같이 나는 지옥에 갔던 적이 있었기 때문에 이런 영역에 늘 흥미가 있습니다. 이것은 1933년 4월 22일 토요일 밤 저녁 7시 30분 쯤 텍사스 주 맥캔니 시의 405 북 칼리지 가의 집, 남쪽으로 난 방에서였습니다. 벽난로 선반에 있던 우리 할아버지의 시계가 7시 30분을 칠 때 내 가슴 속에서 나의 심장이 멈추고 나는 나의 발뒤꿈치부터 심장까지 혈액이 멈추는 것을 느꼈습니다.

그리고 나는 나의 몸에서 빠져 나오는 것을 느꼈습니다. 나는 나의 몸에서 나온 것을 알았지만 나는 몸에 있을 때와 똑같은 사람이었습니다. 나는 내려가기 시작하였습니다. 마치 구덩이나 우물을 내려가듯이 아래로 아래로 아래로 내려갔습니다. 그리고 나는 세상의 불빛을 내 위 멀리로 볼 수 있었습니다. 아래로 내려가면 갈수록 더 어두워 졌습니다. 결국 어둠이 나를 온전히 싸 버렸습니다. 밤중에 사람이 볼 수 있었던 어떤 어두움보다도 훨씬 더 어두운 어둠이었습니다. 어둠이 너무 짙어서 칼로 벨 수 있겠다고 생각이 들 정도였습니다. 그리고 아래로 내려가면 갈수록 더욱 더워졌습니다. 나는 질식할 것 같았습니다.

나의 마음, 나의 혼은 그냥 그대로 있었습니다. 내가 나의 과거를 기억해 올리자 전 생애가 내 앞에 나타나 보였습니다.

내려가는 중에 빛의 손가락 같은 것들이 벽에서 춤을 추는 것을 보았습니다. 나는 내 앞에 대단히 큰 오렌지색 불빛이 하얀 가장자리를 가지고 있는 것을 보았습니다. 그리고 나는 문 입구 같은 지옥의 정문에 다다랐습니다.

내가 구덩이 밑에 다다랐을 때 무엇인가가 나를 맞았습니다. 나는 그가 내 옆에 있는 것을 알았지만 나는 그를 바라보지 않았습니다. 나의 눈길은 지옥에 멈춰 있었습니다. 내려오는 동안 할 수 있으면 들어가지 않기 위해 나는 싸우려고 마음 먹었습니다. 문 입구에서 나는 완전히 멈춘 것은 아니지만 잠시 멈추었습니다.

내가 그러는 동안 내 옆에 있던 것이 나의 팔을 잡았습니다. 나의 육신은 아직도 침대에 누워 있었습니다. 그러나 영적인 몸도 있었던 것입니다. 그 영적인 몸은 팔과 눈과 귀가 있었습니다. - 모든 육체적인 몸이 가졌던 용모들을 가지고 있었던 것입니다. 부자는 말하였습니다. "내가 이 불꽃 가운데서 고통을 받나이다." 그는 나사로를 보고 알아보았습니다. 실지로 나는 육신적인 것을 만질 수 없다는 것과 내가 육신적인 영역에 살고 있지 않다는 것 외에는 내 자신에 별 다른 차이를 느낄 수 없었습니다.

성경학자들은 바울이 다음에서 그 자신의 경험을 이야기하고 있는 것에 모두 동의합니다. "내가 십사 년 전에 그리스도 안에서 한 사람을 알았는데 (그가 몸 안에 있었는지 나는 말할 수 없고 몸 밖에 있었는지 나는 말할 수 없지만 하나님께서는 아시느니라) 그 사람이 셋째 하늘로 끌려 올라갔느니라"(고후 12:2) 나는 바울이 그가 몸 안에 있었는지 몸 밖에 있었는지 알 수 없었다고 한 말이 무슨 말인지 알 수 있습니다.

그것이 내 팔을 잡고 데리고 들어가려고 할 때 한 음성이 말을 했습니다. 그것은 남자의 목소리였습니다. 내가 이 음성을 들었는데 이것은 울리고 메아리치는 소리였습니다. 나는 그 음성이 영어가 아닌 다른 말로 말했기 때문에 무엇이라고 하는지 알아들을 수 없었습니다. 그러나 그가 무엇을 말했는지는(6개 내지 9개의 단어) 몰라도 그곳은 바람에 날리는 잎사귀같이 온통 흔들리고 떨렸습니다.

그리고 그것은 내 팔에서 손을 떼었고 아주 강하게 빨아들이는 힘이 나의 등에 와서 나를 돌려세우지 않고 그대로 그 지

사람의 심령 (The Heart of Man) 59

옥의 입구로부터 끌어올려서 구덩이의 그림자로부터 머리가 먼저 올라가 남쪽 방의 베란다로 올라 왔습니다. 아주 잠깐 동안 나는 내 방의 베란다 앞에 서 있는 것을 알았습니다. 그리고 나는 벽을 지났습니다. (물질적인 것은 영적인 것에 아무 영향도 끼치지 못합니다.) 나는 내 몸으로 뛰어 들어가는 듯 하였습니다. 내 몸으로 다시 들어오자 나는 육체적인 것을 다시 만질 수 있었습니다.

무릎위에 내 머리를 뉘어놓고 시원하게 젖은 수건으로 내 얼굴을 닦아 주고 계시던 나의 할머니에게 나는 말했습니다.

"할머니, 나는 죽어요."

"얘야, 나는 네가 이미 죽은 줄 알았다."

나는 내가 다시 나가는 것을 느끼고 또 말을 했습니다.

"나는 지금 또 갑니다. 이번에는 못 돌아올 거예요."

이런 일이 세 번 일어났습니다.

이런 일이 있은 지 얼마 후에 나는 기도하기 시작하였습니다. 나는 구원받았고 거듭났습니다.

그리고 4개월 후인 1933년 8월 16일 오후 1시 30분 경에 나는 또 내가 죽는 것을 알았습니다. 내 침대 옆에 내 막내 동생이 서 있었는데 나는 그에게 어머니를 빨리 데려 오라고 말했습니다.

어머니가 방안으로 들어오는 순간 나는 이전에 체험했던 그런 느낌을 가졌습니다. 그러나 이번에는 이미 나는 구원을 받았던 것입니다! 내가 몸에서 빠져나와 몸을 뒤로하고 나는 오르기 시작하였습니다. 이번에는 내려가지 않고 올라간 것입니다.

우리 집은 구식 집이었고 천정이 높았습니다. 그리고 내가 올라가 우리 지붕이 있는 곳 쯤 갔을 때 대략 침대에서 16피트 쯤 되는 곳에서 내가 올라가는 것을 멈추고 서 있는 것 같았습니다. 나는 되어가는 모든 일을 알고 의식하고 있었습니다.

내 뒤에 방을 내려다보고 내가 아직도 침대에 누워 있는 것과 어머니가 내 손을 잡고 내 몸에 몸을 구부리고 계신 것을 보았습니다. (후일에 어머니는 내가 죽는 것 같아 손을 잡았다고 말씀하셨습니다.) 그러나 나는 이미 내 몸을 떠났고 어머니에게 잘 있으라고 말할 수도 없었습니다.

그런데 나는 한 소리를 들었고 머리를 들어 쳐다보았습니다. 나는 아무도 보지 못했습니다. 그러나 나는 남자의 소리를 들었습니다. 나는 이것이 예수님이었는지 천사였는지 누구였는지 모릅니다. 그러나 나는 이것이 천국의 사자인 것은 알았습니다. 이번에는 이 음성이 외국어로 말한 것이 아니라 영어로 말했습니다.

"돌아가라. 돌아가라. 돌아가라. 너는 아직 올 수 없다. 이 땅에서 네가 할 일이 아직 남았다."

이런 말이 전해졌을 때 나는 내려오기 시작했고 나의 몸으로 돌아 왔습니다.

그러면서 나는 말했습니다. "엄마, 나는 지금 죽지 않아요." 어머니는 내가 그때 바로 죽지는 않을 것이라고 말하는 줄로 생각했습니다. 그러나 나는 내가 그렇게 죽지는 않을 것이라고 말한 것이었습니다. 나는 나의 일생을 살면서 하나님의 일을 하여야 한다는 뜻이었습니다.

그러나 나는 그 침대에서 거의 12개월을 누워 있은 후에야 치유함을 받았습니다. 왜냐하면 내가 사는 것이 하나님의 뜻이었지만 하나님은 나만을 위해서 예외를 만드시지 않으셨습니다. 나는 다른 사람과 같이 치유함을 받아야 했습니다. 그리고 그것은 거의 12개월이나 걸려서야 내가 그것을 볼 수 있게 되었습니다.

나는 그 침대에서 수개월 동안 하나님이 나를 치유하기를 기다리고 있었습니다. 그러나 하나님은 치유하지 않으셨습니다. 당신도 하나님이 당신을 치유하기를 기다리고만 있다면 하나님은 당신도 치유하시지 않을 것입니다. 당신은 시간만 낭비하고 있는 것입니다. 그렇지만 만일 당신이 당신에게 이미 준비해 놓으신 치유를 받도록 그 권한을 사용하기 시작한다면 – 당신은 치유를 받을 것입니다.

> 고후 5:1, 6-8
> 1 만일 땅에 있는 우리의 장막 집이 무너지면 하나님께서 지으신 집 곧 손으로 지은 것이 아니요 하늘에 있는 영원한 집이 우리에게 있는 줄 아느니라
> 6 그러므로 우리가 항상 담대하여 몸으로 있을 때에는 주와 따로 있는 줄을 아노니
> 7 이는 우리가 믿음으로 행하고 보는 것으로 행하지 아니함이로라
> 8 우리가 담대하여 원하는 바는 차라리 몸을 떠나 주와 함께 있는 그것이라

사람의 육체는 손으로 만들어졌습니다. 그러나 속사람은 그렇지 않습니다. 우리의 몸이 무덤으로 가면 우리는 하나님과 함께 손으로 만들지 않은 집이 있는 것입니다.

누가 몸에서 없어진다구요? 우리들입니다(6절). 누가 주님과 같이 있다구요? 우리들입니다(8절). 성경은 속사람이 진정한 사람이라고 말하고 있습니다. 이것이 진정한 당신입니다.

> 빌 1:21-24
> 21 이는 내게 사는 것이 그리스도니 죽는 것도 유익함이라
> 22 그러나 만일 육신으로 사는 이것이 내 일의 열매일진대 무엇을 택해야 하는지 나는 알지 못하노라
> 23 내가 그 둘 사이에 끼었으니 차라리 세상을 떠나서 그리스도와 함께 있는 것이 훨씬 더 좋은 일이라 그렇게 하고 싶으나
> 24 내가 육신으로 있는 것이 너희를 위하여 더 유익하리라

바울은 여기서 이렇게 말하고 있습니다. "이것은 나한테 달렸다. 내가 여기서 잠시 동안 더 살지 혹은 죽을지 어떤 것을 선택하여야 하는지 모른다."

어떤 사람들은 "그것은 다 하나님의 손에 달린 것입니다"라고 말합니다.

아닙니다. 이것은 당신 손에 달린 것입니다. 많은 사람들이 하나님께서 그들이 죽고 사는 것을 결정하시는 것으로 잘못 생각합니다. 그러나 사실은 인식하지 못하는 가운데 그들이 마귀에게 이 모든 것을 맡겼던 것입니다. 마귀는 죽음의 주관자입니다. 하나님이 죽음의 주관자가 아닙니다.

바울은 그가 원하는 대로 죽었습니다. 그는 말했습니다. "무엇을 선택해야 할지 나는 아직 알지 못하노라." 그러나 그는 "나는 하나님의 뜻을 모른다." 혹은 "나는 하나님이 나를 위해 무엇을 선택하신 줄 모른다." 혹은 "나는 주님의 뜻이 이루어지기만을 위해 기도합니다"라고 하지 않았습니다.

아닙니다! 그것이 우리가 놓친 부분입니다. "나(속사람)는 내가 여기에 잠깐 더 있을지 (육신) 그냥 떠나야 할지에 대해 어떻게 결정해야 할지 모르겠습니다."

속사람(영)이 진정한 사람입니다. 하나님은 영이십니다. 하나님은 사람이 되셨습니다. 예수님은 하나님 자신이 인간의 몸에 육신으로 살기 위해 나타난 것입니다. 그러나 하나님이 육신으로 오셨다고 육신에 있기 전보다 수준이 달라진 것은 아닙니다. 그것과 마찬가지로 사람이 죽으면서 그의 육체를 떠난다 해도 그가 육신에 있을 때 보다 달라지는 것은 아닙니다. 이것은 부자에게도 마찬가지였습니다. 그리고 거지 나사로에게도 그랬습니다. 그리고 나의 경험에서도 마찬가지였습니다.

하나님을 만나고 아는 것은 속사람입니다. 우리는 인간의 지식이나 마음을 통해서는 하나님을 알 수 없습니다. 하나님은 우리의 영을 통해서만 나타나 보여집니다. 그리고 내가 "영을 통하여"라고 하는 것은 성령님을 말하는 것이 아닙니다. 나는 인간의 영을 말하고 있는 것입니다. 인간의 영이 영이신 하나님을 만나는 것입니다.

예수님은 육신적인 몸을 가지고 있었습니다. - 육신과 뼈가 있는 - 그러나 육신과 피가 있는 몸은 아니었습니다. 당신은 예수님이 부활하신 후 제자들에게 나타났을 때 그들이 두려워하고 그들이 귀신을 본 것이라고 생각한 것을 기억하십니까? 예수님은 그들에게 말씀하셨습니다. "나의 손과 나의 발을 보라. 바로 나니라. 나를 만져 보라. 영은 살과 뼈가 없지만 너희가 보는 바와 같이 나는 있느니라"(눅 24:39). 예수님은 그들에게 먹을 것이 있느냐고 물었습니다. 그들은 구운 생선 한 조각과 꿀을 드렸습니다. 그리고 예수님은 그들 앞에서 그것을 잡수셨습니다.

그리고 한번은 베드로가 "나는 고기 잡으러 간다"고 말했습니다. 그리고 다른 사람들도 따라 갔습니다. 그때 예수님이 해변가에 서 계신 것을 그들이 보았습니다. 예수님께로 그들이 가자 예수님께서 말씀하셨습니다. 그들은 불에 고기를 구웠고 예수님은 그들과 같이 먹었습니다.

그렇습니다. 예수님은 지금 육신적인 몸을 가지고 계십니다. - 부활하신 육신과 뼈가 있는 육신적인 몸입니다.

하나님은 특별한 영적 존재(a Spirit)이십니다. 내가 하나님을 그냥 영(spirit)이라고 하지 않은 것에 주의하십시오. 어떤 사람들은 하나님을 보편적인 영이라고 생각하면서 하나님을 비인격적인 어떤 영향력 정도로 이해합니다. 아닙니다. 하나님은 인격적인 영이십니다. 어쨌든 하나님이 영적 존재라는 사실이 영적인 영역에서 아무런 모양이나 형태가 없다는 말이 아닙니다. 하나님은 모양과 형태가 있습니다.

성경은 천사들도 영이라고 합니다. 그들은 형태, 즉 영적인 몸을 가지고 있습니다.

구약에서 한 성이 포위당했을 때 하나님의 선지자가 그들이 구원받을 것이라고 예언합니다. 그러나 모두들 그 선지자를 비웃었습니다. 왜냐하면 그들은 기근과 가뭄으로 굶주림 속에 있었기 때문입니다. 그 선지자의 종도 그를 비난할 정도였습니다. 그러나 엘리사는 기도하였습니다. "여호와여 원하건데 그의 눈을 열어서 보게 하옵소서"(왕하 6:17).

엘리사는 그 종의 육신적인 눈을 말한 것이 아니라 영적인 눈을 말한 것입니다. 그 종의 영적인 눈이 열리자 그는 불의 천사, 말과 불의 병거들이 온 성을 에워싸고 있는 것을 보았습니다!

그리고 어떤 경우에는 하나님이 원하시면 우리가 볼 수 있는 물질적인 형태나 모양을 가질 수 있는 능력이 천사에게 있습니다. - 그러나 하나님이 원하실 때에만 국한됩니다.

성경은 하나님이 모세를 얼굴을 대면하여 보았다고 말합니다. 그러므로 우리는 하나님이 얼굴이 있음을 압니다. 그러나 구름이 가려서 모세가 그 얼굴을 보지는 못했습니다. 하나님이 이렇게 말씀하셨습니다. "네가 내 얼굴을 보지 못하리니 나를 보고 살 자가 없음이니라"(출 33:20).

또 하나님은 말씀하셨습니다. "내 영광이 지나갈 때에 내가 너를 반석 틈에 두고 내가 지나도록 내 손으로 너를 덮었다가 손을 거두리니 네가 내 등을 볼 것이요 얼굴은 보지 못하리라" (출 33:22, 23).

내가 말하려는 것은 이것입니다. 하나님은 특별한 영적 존재이십니다. 그러나 하나님은 영이시고 육체가 없기 때문에 실체적이 아니라는 말은 아닙니다. 육체를 가지고 계신 예수님이 지금 하늘에서 성령님이나 하나님 아버지 보다 더욱 더 실체적이지 않습니다. 영적인 것도 물질적인 것과 마찬가지로 실체적입니다. – 사실은 더욱 더 실체적입니다. 베드로전서 3장 4절에서 우리의 영을 '심령에 숨겨진 사람'이라고 말하고 있습니다. 속사람, 영은 숨겨진 사람인 것입니다. 그는 심령의 사람이고 영의 사람인 것입니다. 그는 육신적 혹은 자연적인 사람에게는 숨겨진 것입니다. 자연적인 사람은 그가 거기 있는지 모릅니다. – 그러나 그는 거기 있습니다. 그리고 그것이 진정한 그 사람입니다.

로마서 7장 22절에 영은 '속사람'이라고 불렸습니다. '속사람'이나 '숨겨진 사람'이라는 단어는 하나님이 인간의 영을 정의하고 있는 말입니다.

사람도 영적 존재입니다. 그리고 그는 혼을 가지고 있습니다. 그리고 몸에 삽니다. 사람은 그의 영으로 영적인 영역을 접촉합니다. 그의 혼으로는 지적인 영역을 접촉합니다. 그의 몸으로 육체적인 영역을 접촉하게 되는 것입니다.

제 4 장
심령으로 믿는 것의 의미

롬 10:10
사람이 마음으로 믿어 의에 이르고 입으로 시인하여 구원에 이르느니라

우리는 지난 과에서 확정시켜 놓은 사실들을 이 과에서 요약하려고 합니다.

하나님이 그 말씀에서 '심령'을 말씀하실 때 하나님은 온 몸의 피를 펌프질하여 우리를 살도록 하는 육신의 기관을 말하는 것이 아닙니다. 하나님은 인간에 가장 중심이 되는 인간의 영을 말씀하시고 있는 것입니다.

내가 어렸을 때 들었던 어떤 사람의 말을 잊을 수가 없습니다. (그는 설교라고 말하였지만 그는 그냥 지적인 강연을 하고 있었습니다. 이것은 신약의 말씀이 아니기 때문에 설교라고 할 수 없습니다. 이것은 하나님의 말씀이 아니었습니다.)

소위 그의 설교라는 것은 전통적인 신앙을 가지고 있는 심장으로 느끼는 구원이라는 것을 믿는 우리들에게 비웃음을 던지는 것이었습니다. 그는 '심장'이라는 말을 문자 그대로 사

용하였는데 그는 사람이 '심장의 변화'가 있다면 심장이 문제가 생기고 죽을 것이라고 하였습니다.

이 강연자는 사람이 마음과 몸뿐이라고 생각한 것입니다. 그러나 사람은 몸과 마음 이상입니다. 사람은 영이고 혼이며 몸입니다. 사람은 하나님의 형상대로 지으심을 받았습니다. "하나님은 영이시니 예배하는 자가 영과 진리로 예배할지니라"(요 4:24).

우리는 사람의 영이 우리의 마음이 아니란 것을 알았습니다. 마음은 혼에 속한 것입니다. 우리는 방언으로 말할 때 영을 의식할 수 있습니다. 왜냐하면 방언은 심령, 당신의 영으로부터 나오는 말이기 때문입니다.

심령으로 믿는 것은 당신의 영, 속사람으로 믿는다는 것을 뜻함을 당신은 알 수 있습니다.

우리는 전 과에서 하나님이 인간의 영에 대해서 정의해 주신 두개의 성경 구절을 읽었습니다.

> 벧전 3:4
> 오직 마음에 숨은 사람을 온유하고 안정한 심령의 썩지 아니할 것으로 하라 이는 하나님 앞에 값진 것이니라

> 롬 7:22
> 내 속사람으로는 하나님의 법을 즐거워하되

'심령에 숨겨진 사람'은 영이고 진정한 사람입니다. 이 진정한 사람은 숨겨진 사람, 속사람이고 영입니다. 그는 혼을

가지고 있고 또 그는 몸 안에 살고 있습니다.

우리는 우리의 영으로 영의 영역을 접촉합니다.

우리는 우리의 혼으로 지적인 영역을 접촉합니다.

우리는 우리의 몸으로 육신적인 영역을 접촉합니다.

당신은 하나님을 당신의 마음으로 접촉할 수 없습니다. 당신은 당신의 몸으로 하나님을 접촉할 수 없습니다. 당신의 오직 당신의 영으로만 하나님을 접촉할 수 있습니다.

그리고 하나님은 당신의 영을 통해 당신과 접촉합니다. 당신은 하나님의 말씀이 전파될 때 육신의 귀로 듣습니다. 그리고 그것은 당신의 자연적인 마음을 통과합니다. 그러나 이 말씀이 당신에게 영향을 끼치려면 당신의 영에서 이것을 받아야 합니다.

하나님의 말씀이 당신이 거듭나기 전에 당신의 안에서 어떻게 영적으로 영향을 미쳤었는지 기억할 수 있습니까? 성령님이 말씀을 통하여 당신의 심령 속, 당신의 영에게 말씀하신 것입니다.

하나님이 우리의 영을 통하여 우리와 접촉하신다는 것을 아는 일은 고린도전서 2장 14절을 이해하는데 도움이 됩니다. "그러나 자연인은 하나님의 영의 일들을 받아들이지 아니하나니 이는 그 일들이 그 사람에게는 어리석게 여겨지기 때문이요 또 알 수도 없나니 이는 그 일들이 영적으로만이 분별되기 때문이니라." (다른 번역본에서는 자연적인 사람 혹은 자연적인 마음이 하나님의 일을 이해하지 못한다고 했습니다.)

하나님의 말씀은 하나님의 영으로부터 온 것입니다. 그리고 이것은 자연적인 마음으로는 어리석은 것입니다. 당신은 성경을 당신의 머리로 이해할 수 없습니다. 이것은 영적으로만 이해할 수 있는 것입니다. 당신은 이것을 당신의 심령으로만이 이해할 수 있는 것입니다.

당신은 성경의 어떤 구절의 뜻을 전혀 모르면서도 여러 번 읽었을 수도 있습니다. 그러나 어느 날 갑자기 당신은 알게 됩니다. 그럴 때 당신은 이렇게 말합니다. "내가 왜 그전에는 이것을 알지 못했을까?" 그것은 당신의 영이 지금에야 그것을 이해했기 때문입니다.

당신은 당신의 심령으로 하나님의 말씀의 계시를 받아야 합니다. 그러므로 우리는 하나님의 영으로 하여금 하나님의 말씀을 열고 펼쳐서 우리에게 보여 주시도록 의지해야 합니다.

막 11:23, 24
23 내가 진실로 너희에게 이르노니 누구든지 이 산더러 들리어 바다에 던져지라 하며 그 말하는 것이 이루어질 줄 믿고 마음에 의심하지 아니하면 그대로 되리라
24 그러므로 내가 너희에게 말하노니 무엇이든지 기도하고 구하는 것은 받은 줄로 믿으라 그리하면 너희에게 그대로 되리라

거의 16개월 동안 나는 병상에 있었습니다. 나는 이것이 무슨 뜻인지 알아내려고 노력하였습니다. "무엇이든지 기도하고 구하는 것은 받은 줄로 믿으라 그리하면 너희에게 그대로 되리라."

무엇보다도 마귀는 이 성경이 말하고 있는 것이 그런 의미
가 아니라고 말하였습니다. 그는 내게 말했습니다. "자, 그것
은 자연적, 혹은 육체적, 혹은 물질적, 즉 치유라든지 하는
네가 바라는 것을 뜻하는 것이 아니다. (내가 바라는 것은 물
론 치유였습니다.) 그것은 네가 영적으로 바라는 것을 뜻하
는 것이다."

나는 마귀의 말에 귀를 기울였던 것을 생각하면 지금도 마음
이 상합니다. 만약 마가복음 11장 24절에 말하는 것이 말씀 그
대로 뜻하는 것이 아니라면 예수님은 거짓말을 한 것이 됩니
다. 그러나 그 당시 나는 잘 몰랐습니다. 그래서 나는 목사님을
불러다가 성경이 말하고 있는 뜻을 물어보려고 결정했습니다.

나의 할머니가 그에게 연락을 하였습니다. 그는 내일은 올
수 없지만 그 다음 날은 올 수 있다고 하였습니다. 그 목사님
이 어느 때가 가장 좋은 시간인지 물어 왔을 때 나의 할머니
는 대답하였습니다. "케네스는 아침이 제일 좋습니다. 8시
반쯤 오시면 제일 좋겠습니다. 10시가 지나면 그는 정신이
없어지니 그가 목사님의 말씀을 잘 알아듣지 못할지도 모르
겠습니다."

목사님은 오시겠다고 약속 하셨지만 그는 오지 않았습니다.
하나님께 감사합니다. 그 당시 목사님이 오지 않으셨을 때 나
는 울었습니다. 왜냐하면 나는 나의 목사님께 큰 확신이 있었
기 때문입니다. 나는 그가 분명히 성경 구절을 잘 아실 것이라
고 생각했습니다. 그러나 내가 치유를 받은 후 그 교회로 돌아

심령으로 믿는 것의 의미   73

가서 나는 그가 어떻게 생각하는지를 알게 되었습니다. 그는 "저 불쌍한 아이는 병상에 너무 오래 있었기 때문에 정신이 좀 이상해 졌나보다"라고 말했습니다.

(그의 이론대로 우리의 정신이 좀 더 이상해진다면 얼마나 좋겠습니까? 그가 말한 대로라면 나의 정신이 '이상해지자마자' 나의 마비증상은 없어졌습니다. 정신이 이상해지자마자 내 심장 상태가 좋아졌고 나는 치유를 받아서 병상에서 일어났습니다.)

그가 오지 않은 것이 참 잘된 일이었습니다. 그 당시에 나는 그가 말하는 것을 믿었을 것입니다.

나의 할머니는 그 동네를 가로질러 걸어가서 같은 교단에 계신 다른 목사님께 다시 와달라고 부탁하셨습니다. 그분도 오시겠다고 했지만 오지 않았습니다. 하나님께 감사합니다.

나는 또 울었습니다. 그러나 나는 지금 하나님께서 그분들이 나를 보러 오는 것을 중지시키셨다고 확신합니다. 왜냐하면 나는 그들이 말하는 것을 그대로 믿었을 것이기 때문입니다. 결국 다른 교단의 교회에 속한 나의 이모가 다니는 교회 목사가 나를 보러 올 수 있다고 했습니다. 나는 그가 오리라고 기대하지 않았지만 하루는 그가 오셨습니다. 그가 들어올 때 내 심장은 기쁨으로 뛰고 있었습니다. 의사들은 내 방에 한 사람씩만 있게 하였으므로 그분은 혼자 들어오셨습니다.

나의 시력은 바로 코앞의 것들도 알아볼 수 없는 상태였지만 나는 그가 오는 소리를 들을 수 있었습니다. 갑자기 그가 내게 엎드리면서 나는 그의 얼굴을 볼 수 있었습니다. 그는 그의 손으로 내 손을 잡았습니다. 내 목이 부분적으로 마비가 되면서 혀도 잘 움직이지를 않았습니다. 나는 내 신약 성경을 가져와서 마가복음 11장 24절을 읽은 후 그것이 말하는 그대로인지를 말해달라고 하려고 애를 썼습니다. (우리가 다른 사람에게 예수님이 말씀하신 것이 그런 뜻이냐고 물어보는 것은 이상한 일이지요?)

나는 말을 하려고 애를 썼습니다. 만일 그가 조금 더 기다려주었다면 나는 결국 말을 했을 것입니다. 그러나 내가 말을 시작하기 전에 그 목사님은 나의 손등을 두드리며 아주 직업적인 목소리로 말했습니다. "아이야, 잠깐만 참아라. 며칠만 지나면 다 끝날 것이다."

나의 방에는 어두움이 있었습니다. 그는 그의 손을 나의 가슴에 얹고 돌아서 나가버렸습니다. 나는 알아들을 만한 말을 한마디도 그에게 할 수 없었습니다. 그리고 그는 나의 유일한 소망을 소멸시켰습니다. – 마치 방의 불을 꺼 버린 것 같이 말입니다.

보통은 나는 잘 듣지도 못했습니다만 그러나 그날은 마귀가 나로 하여금 특별히 잘 듣게 한 것 같습니다. 이 목사님이 옆방으로 들어가자 나의 가족들이 그를 둘러섰습니다. 나는 그가 기도하는 것을 들을 수 있었습니다. "우리 아버지, 우리는 당신이 이 할아버지와 할머니가 곧 그들의 손자를 잃게 된 것을 도와주시기를 바랍니다."

그 말에 내 속에 있는 무엇인가가 치밀어 올랐습니다. 나는 큰 소리를 지를 수 없었습니다. 그러나 나는 장난치다가 선생님으로부터 한쪽 구석에 가서 서 있으라는 꾸중을 듣고 있는 어린 소년과 같이 느껴졌습니다. 그 소년은 "겉으로 보기에는 내가 여기 서있는 것으로 보이겠지만, 난 속으로는 저기 앉아 있어요"라고 말했지요. 나는 속으로 소리 질렀습니다. "나는 아직 죽지 않았어요!"

그렇지만 그는 계속해서 기도하고 있었습니다. "이 불쌍한 어머니를 축복하여 주옵소서. 앞으로 올 어두운 일에 대하여 준비시켜 주십시오." 나는 또 속으로 소리를 질렀습니다. "나는 아직 죽지 않았어요!"

그리고 목사님은 가셨습니다. 그러나 그는 내 속에 있던 모든 것을 넘어뜨리고 모든 불을 다 꺼버렸습니다. 한 달 이상 나는 성경을 보지도 않았습니다.

그러나 결국 나는 다시 성경을 집어서 마가복음 11장 24절을 다시 폈습니다. 그리고 말했습니다. "사랑하는 주님, 예수님, 나는 성경이 말하는 대로 믿겠습니다. 그리고 만일 당신이 거짓말을 하지 않은 것이라면 나는 이 침대에서 내려 올수 있습니다. 만일 내가 치유되지 않는다면 하나님의 아들이 거짓을 말한 것이므로 나는 신약 성경을 버리겠습니다."

그러나 이것도 내가 침대에서 일어나기 11개월 전의 이야기입니다. 나는 이 성경 구절을 생각하고 묵상하고 기도했습니다. 그리고 나는 하나님이 나를 치유하셨는지 보곤 했습니다. 나는 나의 팔과 다리로 느껴보곤 했습니다. 그러나 나는 아직 치유를 받지 못했고 아직 마비 증상이 그대로 있었습니다.

하나님의 말씀은 영적으로 이해되어야 합니다. 말씀은 하나님의 영으로부터 온 것입니다. 옛날의 거룩한 사람들이 성령의 감동을 받아서 쓴 것입니다.

1934년 8월 둘째 화요일 아침 8시 30분, 나는 그 성경 말씀을 묵상하고 있었습니다. 나는 드디어 이 말씀을 이해할 수 있게 되었습니다. 불이 들어온 것입니다. 이것은 마치 어떤 사람이 내 속에 불을 켠 것과 같았습니다.

나는 지금 이 구절의 의미를 사람들한테 말하고 또 말하고 있습니다. 그러나 나는 그들이 그들의 영으로 이해를 해야만 알 수 있다는 것을 압니다. 그러나 나는 이것을 계속하여 말해야 합니다. 그리고 내가 그 의미를 더 많이 나눌수록 더 많은 사람들이 알게 되는 것입니다. 나는 그들의 눈이 빛나는 것을 보고 그들이 깨닫는 순간을 정확히 말할 수 있습니다. 다른 사람들은 그냥 앉아서 나를 바라보고 있지만 항상 더 많은 사람들이 매일 더 깨닫게 됩니다.

'네가 무엇을 구하든지' 라는 것은 확실히 말하는 그대로입니다.

'너희가 기도할 때' 라는 것은 바로 당신이 기도한 즉시라는 의미입니다.

"받은 줄로 믿으라 그리하면 너희에게 그대로 되리라." 이것을 우리가 사용하는 일상 용어로 표현한다면 "당신이 구한 것을 받기 전에 당신이 받았다고 믿어야 된다"는 말입니다.

내가 이것을 이해하였을 때 나는 곧 이렇게 말했습니다. "아, 주님! 나는 이제 내가 어떻게 해야 되는지 알았습니다. 나는 내가 이렇게 누워 있는 동안 마비를 치유 받았다고 믿어야 합니다." (내가 '나는 치유를 받았다고 말했지 앞으로 치유를 받을 것이다'라고 말하지 않은 것을 주목하십시오. 많은 사람들은 "나는 하나님이 나를 치유하시리라고 믿습니다"라고 말합니다. 그러나 그것은 신약의 믿음이 아닙니다. 왜냐하면 나는 일년이나 그렇게 믿으면서 병상에 누워 있었지만 아무것도 받지 못했기 때문에 나는 그것을 압니다.)

성경 구절은 이렇게 말하는 것을 주의하십시오. "무엇이든지 기도하고 구하는 것은 받은 줄로 믿으라 그리하면 너희에게 그대로 되리라." 믿는 것이 먼저이고 그 후에 받는 것입니다.

(어떤 사람은 "나는 무슨 말인지 이해할 수가 없어요"라고 말합니다. 당신의 머리로는 이해할 수 없습니다. 하나님의 영의 일들은 자연적인 마음으로는 어리석은 것이고 성경은 하나님의 영으로부터 온 것입니다. 성경은 영으로만 분별할 수 있습니다. 당신은 당신의 영으로 이해해야 하는 것입니다.)

내가 이 구절을 이해하는 순간부터 나는 말씀에 따라 행동하기 시작하였습니다. 말씀에는 항상 행동해야 할 것들이 있습니다. 그 당시 내가 할 수 있는 것은 손을 들고 말씀을 주신 하나님을 찬양하는 것뿐이었습니다. "하나님 감사합니다. 나는 내 몸의 마비 증세가 치유되었음을 믿습니다. 나는 나의 몸이 건강한 것을 믿습니다"라고 말했습니다.

"무엇이든지 기도하고 구하는 것은 받은 줄로 믿으라 그리하면 너희에게 그대로 되리라." 확대 성경 번역본은 "이러한 이유로 네가 기도하고 구한 것은 다 응답받은 것이라고 믿으라. - 신임하고 자신 있게 - 그러면 너희는 가질 것이다"라고 말합니다. 당신이 언제 가질 수 있냐고요? 당신이 신임하고 자신 있게 믿은 후에 이것이 응답된다는 것입니다.

너무 많은 사람들이 먼저 갖고 그리고 그 다음에 가진 것을 믿기 원합니다. 그러나 예수님은 우리가 받았다고 먼저 믿어야 우리가 받을 수 있는 것이라고 말씀하셨습니다.

당신은 당신의 심령으로 믿습니다. 심령으로 믿는다는 것은 영으로 믿는 것을 뜻합니다. 그러면 어떻게 우리의 지성이 가질 수 없는 믿음을 우리 영이 가질 수 있습니까? 그에 대한 답은 하나님의 말씀에 있습니다.

마태복음 4장 4절은 이렇게 말하고 있습니다. "사람이 떡으로만 살 것이 아니요 하나님의 입으로부터 나오는 모든 말씀으로 살 것이라" 예수님은 여기서 영의 양식을 말씀하고 있는 것입니다. 예수님은 자연적이고 인간적인 단어를 사용하여 영적인 생각을 전하려고 하는 것입니다. 우리의 영은 말씀을 묵상할 때 자신감과 확신에 도달하게 됩니다. 말씀은 영의 양식입니다. 이것은 믿음의 양식입니다. 말씀은 우리의 영을 세워주는 양식입니다. 하나님의 말씀은 우리의 영을 강하게 하고 조용한 확신을 주는 양식입니다.

심령으로 믿는다는 것은 육체적인 몸이나 육신적인 감각을 넘어서 믿는다는 것을 말합니다. 몸은 – 육체적인 사람 – 그의 눈으로 보는 것과 귀로 듣는 것, 그의 촉각으로 만져지는 것을 믿습니다. 그러나 영, 심령은 보고 듣고 만지는 것과는 상관없이 말씀이 전하는 것을 믿습니다.

믿음은 하나님의 말씀에 근거해야 합니다. 많은 사람들이 기도를 받고 또 받고 받습니다. (나는 그들이 두 번 씩이나 와서 기도 받지 말라고 하는 것이 아닙니다. 나는 계속하여 기도만 받는 사람들을 말하고 있습니다.) 계속하여 기도만 받을 뿐 치유 받지 못하는 사람은 말씀에 대한 믿음이 없습니다. 그들은 자연적이고 인간적인 믿음이 있을 뿐입니다. 그들은 치유 받은 것을 볼 수 없고 어떤 육체적인 증거가 나타나지 않기 때문에 그들은 믿지 않습니다.

심령의 믿음은 하나님의 말씀을 먼저 믿습니다. 그러면 육체적인 증거는 자연히 나타나게 마련입니다.

당신의 온 심령으로 믿는다는 것은 당신의 영으로 믿는 것입니다. 당신의 온 심령으로 믿는다는 것은 당신의 머리와 몸과는 상관없이 믿는 것을 말합니다.

잠언 3장 5절은 이렇게 말하고 있습니다. "너는 마음을 다하여 여호와를 신뢰하고 네 명철을 의지하지 말라." 많은 사람들이 이것을 실천하지만 그들은 반대로 적용하고 있습니다. 그들은 그들의 명철을 의지하고 그들의 심령을 신뢰하지 않습니다!

잠언 3장의 다음 두 구절은 이렇게 말하고 있습니다. "너는 범사에 그를 인정하라 그리하면 네 길을 지도하시리라. 스스로 지혜롭게 여기지 말지어다 여호와를 경외하며 악을 떠날지어다."(6, 7절) 다른 말로 하면 "자연적이고 인간적인 지식으로 현명하게 되지 말라 그것은 하나님의 말씀과는 상관없이 독립적으로 행하게 만든다."

신약에서 우리는 위의 말씀과 짝이 되는 말씀을 찾을 수 있습니다. "(우리의 싸우는 무기는 육신에 속한 것이 아니요 오직 어떠한 견고한 진도 무너뜨리는 하나님의 능력이라) 하나님을 아는 것을 대적하여 높아진 것을 다 무너뜨리고 모든 생각을 사로잡아 그리스도에게 복종하게 하니"(고후 10:4, 5).

내가 질병에서 벗어난 지 얼마 안 되어서 나는 고등학교로 돌아갔습니다. 나는 키가 6피트도 더 되게 컸지만 몸무게는 89파운드 밖에 나가지 않았습니다. 그들은 나를 '걸어다니는 해골'이라고 불렀습니다.

하루는 교장 선생님이 나를 그의 사무실로 불러서 이렇게 말하였습니다. "너는 지금, 학교에 꼭 와야 된다고 생각하니? 여자 선생님들은 네가 쓰러져서 수업 시간에 죽을 것 같아 걱정이란다. 그 선생님들이 의사 로베이슨을 불러서 물어보니 그런 일이 가능한 일이라고 한다. 사실 나도 그 의사와 직접 통화를 했는데 의사는 네가 2마일이나 걸어서 학교를 오는 것과 층계를 올라 다니는 것은 위험하다고 하는구나. 의사는 네가 의지로 그렇게 하는 것은 아는데 너의 생명이 기껏해야

약 석 달 정도밖에는 안 남았다고 생각을 하는 것 같더라. 그런데 너는 이렇게 계속 학교를 오는 것이 현명한 일이라고 생각하니?"

"선생님, 나는 나의 의지로 이러는 것이 아닙니다. 나는 믿음으로 하는 것입니다. 주 예수 그리스도께서 이 땅에 계실 때 마가복음 11장 24절에서 이렇게 말씀하셨습니다. '무엇이든지 기도하고 구하는 것은 받은 줄로 믿으라 그리하면 너희에게 그대로 되리라.' 나는 나의 심장과 몸이 치유를 받았다고 믿습니다. 그리고 나는 의지로 행하는 것이 아니라 믿음으로 행하는 것입니다"라고 대답하였습니다.

그는 울기 시작하였습니다. 그리고 말했습니다. "얘야, 나는 이해하지는 못하지만 네가 그렇게 행동하고 있는 것이라면 나는 네가 가는 길을 일분이라도 방해하지 않겠다. 네가 원하는 대로 학교에 오거라. 내가 선생님들에게도 잘 말하마."

"나는 내가 기도한 것은 받은 것으로 믿습니다. 나는 내가 구한 것을 받은 것으로 믿습니다"라고 내가 대답하였습니다.

그는 계속하여 말하였습니다. "나는 절대 너를 방해하지 않겠다. 내가 너희 어머니에게 전화를 드려서 학교에 오지 않게 하는 것이 어떠냐고 물었더니 어머니도 같은 말씀을 하시더라. 너희 어머니도 네가 의지로 행하는 것이 아니라 믿음으로 행하는 것이라고 말씀하셨어. 그리고 네 믿음이 잘 지켜질 거라고."

"물론입니다." 내가 대답하였습니다.

그리고 나서는, 알지도 못하는 사이에 그는 적의 손에 사용되었습니다. 그는 나에게 거침돌을 놓았습니다.

"내가 너의 선생님들하고 이야기를 하겠다. 그리고 원할 때는 언제든지 교실에서 나와서 신선한 공기를 마시고 물을 마실 수 있다. 그리고 언제든지 필요한대로 집에 가야 되면 언제나 갈 수 있도록 허락해 줄게. 다른 사람한테 아무것도 물어볼 필요도 없다. 그냥 너 하고 싶은 대로 하도록 해라"라고 그는 말했습니다.

그렇습니다. 그 선생님은 나로 실패하기 좋게 하신 것입니다. 그러나 내가 수업 하나라도 빼먹거나 층계를 올라가다가 다 올라가지 못한다면 나는 실패를 자인하는 것이 됩니다. 그래서 나는 수업을 한 시간도 빼먹지 않았습니다. 그리고 내가 매우 약했으므로 오후 학과 시간이 되면 수업을 빼먹고 싶었습니다.

나는 여러분에게 마귀는 아주 훌륭한 수학자라는 것을 말씀드리고 싶습니다. 나의 가장 어려운 싸움은 주로 밤에 다가왔습니다. 내가 침대에 들어간 직후 마귀는 이렇게 말했습니다. "너는 이제 '며칠' 밖에 남지 않았어. 로베이슨 선생이 한 말을 기억해 봐. 고작 90일이라구." 매일 밤마다 마귀는 앞으로 며칠이 남았다고 정확하게 말을 해주곤 하였습니다.

어떤 밤에는 상상을 지워버리느라 몇 시간씩 고생을 하곤 하였습니다. 이런 것이 항상 쉽지 않았지만 하나님께 감사한 것은 이것이 가능한 일이라는 것입니다. "하나님을 아는 것을 대적하여 높아진 것을 다 무너뜨리고 모든 생각을 사로잡아 그리스도에게 복종하게 하니"(고후 10:5). 이것은 단순하게 하나님의 말씀에 순종하도록 모든 생각을 잡아온다는 것을 의미합니다. 왜냐하면 말씀이 그리스도이기 때문입니다. 그래서 나는 하나님의 말씀에 맞추어 내 생각을 바로 잡기 시작하였습니다.

"야, 이 마귀야, 나는 의사 로베이슨을 존경한다. 나는 다른 다섯 명의 의사보다도 그 사람을 더 존경해. 그는 내 침대 곁에 앉아 진실을 이야기해 주신 분이야. 그분은 이제 의사들도 할 수 있는 방법은 없다고 말해 주었지. 어디서 더 높은 능력이 개입하지 않으면 소망은 없다고 말해 주셨지." (그러나 이것은 높은 능력이 개입하는 문제가 아니라 당신이 하나님을 믿느냐 하는 문제입니다.)

"그리고 그분은 우리에게 돈도 안 받으시고 우리가 전화만 하면 언제나 와 주셨지. 그렇지만 나는 그 의사 선생님의 말대로 행하지는 않아. 나는 말씀의 빛 속에 걷고 있다. 말씀은 '하나님이 나의 기도를 들으시고 나는 치유를 받았다'고 하셨어. 말씀이 내가 나았다고 하셨고 나는 그 말씀을 믿는다."

이것은 매우 중요합니다. 당신이 믿음의 삶을 살려고 한다면 말씀이 그 어떤 것보다도, 모든 것보다도 더 우선에 있어야 합니다. 이것은 어떤 지식보다도, 당신의 지식이나 다른 사람의 지식보다도 더 우선되어져야 하는 것입니다.

당신이 하나님을 당신의 온 심령으로 믿는다면 고요와 평화가 당신 영에 들어 올 것입니다. 왜냐하면 말씀은 "믿는 우리는 안식에 들어감이라"(히 4:3)고 말하고 있습니다.

우리는 하나님이 "나의 하나님이 그리스도 예수 안에서 영광 가운데서 그 풍성한 대로 너희 모든 쓸 것을 채우시리라"(빌 4:19)고 말한 것을 보면서 하나님의 말씀을 받아들입니다. 우리는 단순하게 우리의 영에서 하나님이 우리가 쓸 모든 것을 채워 주실 것을 알고 걱정하지 않는 것입니다. 우리는 염려하지도 않습니다. (만일 우리가 걱정하고 염려한다면 그것은 믿는 것이 아닙니다.)

우리의 심령은 하나님의 말씀을 읽을 때 용기를 얻습니다. 우리가 하나님의 말씀을 묵상할 때 우리의 확신은 깊어집니다. 우리 영에 있는 이 확신은 인간의 이론과 인간의 지식과는 상관이 없는 것입니다. 이것은 인간의 이론과 상반될 수도 있습니다. 그리고 이것은 육체적인 증거와도 상반될 수 있습니다. 심령으로 하나님을 믿는다는 것은 당신의 몸과는 상관없이 믿는 것을 의미합니다.

어느 날 저녁, 교회에서 나오면서 층계를 걸어 내려오는 대신 나는 마당으로 뛰어 내렸습니다. 나의 발이 움푹 한 곳에 빠지면서 발목이 삐었습니다. 그리고 나는 넘어졌습니다. 나의 발목은 총구같이 튀어 나왔습니다. 부러진 듯했습니다. 나는 그 발로 땅을 다시 밟을 수 없었으므로 한 발로 뛰어서 목사관으로 갔습니다.

나의 아내가 내 발에 무슨 일이 생겼는지를 묻는 동안에 발목은 더욱 부어올랐고 아주 나쁜 상태같이 보였습니다.

그러나 나는 하나님의 말씀이 무엇이라고 하시는지를 생각하기 시작했고 나는 내 눈에 보이는 것과 육신적인 감각으로는 발목이 부러진 것 같다고 말하며 하나님의 주목을 끌었습니다. 나는 정말 고통과 진통을 느낄 수 있었습니다. 그래서 나는 하나님의 말씀에 있는 내가 치유 받았다는 사실로 하나님의 주목과 마귀의 주목을 끌었습니다. (이런 경우 영적으로 행하는 것보다는 자연적으로 행하는 사람들은 - 성령 충만한 그리스도인들까지도 - 가끔 당신을 아주 이상하다고 생각할 수 있습니다. 그러나 그것은 어쩔 수 없는 일입니다.) 다음날 나는 차를 몰고 100 마일이나 갔습니다. 하나님이 나를 치유하신 것입니다.

어떤 목사님의 간증을 내가 직접 듣기 전에 사람들을 통해 여러 번 들은 적이 있습니다. 청소년 캠프에서 야구를 하다가 3루에서 미끄러지면서 그의 발목이 부러졌습니다. 뼈의 일부분이 살을 뚫고 나왔습니다.

여러 사람이 그분을 시내 의사에게로 데려가려고 준비하는 동안 한 목사님이 그에게 병원에 가겠느냐 혹은 하나님의 치유를 받겠느냐고 물었습니다. 그가 치유를 받기를 원한다고 말했을 때 그 목사님은 말했습니다. "그러면 치유 받을 수 있습니다. 나는 오순절 운동의 시초부터 있던 사람이요"라고 말하면서 부러진 뼈들을 치유해 주셨던 간증들을 말해 주었습니다.

40분 동안 3루에 앉아서 부상당한 사람에게 그의 생각을 발목과 발에서 떠나게 하기 위해 이야기를 하고 있었던 것입니다. 그리고 그는 그에게 일어나라고 했습니다. 그러나 그는 아픈 발을 땅에 대는 순간 기절하여 쓰러졌습니다.

상담하던 목사님이 그를 회생시키려고 다시 40여분 동안 그와 말씀을 나눈 후 아프지 않은 발로 다시 서게 하였습니다. 그러나 아픈 발에 몸무게가 실리자 그는 다시 기절했습니다.

그가 다시 정신이 돌아왔을 때 나이가 좀 든 목사님께서 말했습니다. "우리가 무엇인가 잘못하고 있는 부분이 있습니다." 그리고 그는 하나님께 기도했습니다. "하나님 어디에 문제가 있지요?" 그런 후 그는 말했습니다. "아, 알겠습니다. 지금 알겠습니다. 이번에 일어설 때는 아프지 않은 발로 일어나지 마십시오. 아픈 발로 일어 나십시오"라고 말했습니다. 그가 그대로 따라 했을 때 순간적으로 그는 치유함을 받았습니다! 고통이 전혀 없었던 것입니다!

당신의 심령으로 믿는 것은 당신의 감각이 주는 지식하고는 상관이 없는 것입니다.

릴리안 비 요만 박사는 믿음이 무엇인지 알았습니다. 치유 분야에 있어서 가장 좋은 책 중에 하나인 그분의 저서에서 그녀는 이렇게 말하고 있습니다. "하나님은 그의 자녀들이 그들의 발밑에 하나님의 말씀 이외는 아무 것도 없는 통증의 공간(aching void)을 통과해서 나오는 것을 기뻐하십니다." 그리고 그녀는 다시 말합니다. "하나님이 당신을 치유하시는가 안 하시는가를 보는 것은 죄입니다."

요만 박사는 의사로서 소망이 없는 마약 중독에서 치유와 구원을 받은 후 그녀는 나머지 인생을 치유를 가르치고 설교하는 데 전부 헌신한 분이었습니다.

성경 학교에서 그분의 강의실에서 공부를 한 목사가 다음과 같은 사건을 내게 전해 주었습니다. 그녀는 학생들을 위해서 교실에서 기도하는 습관이 있었습니다. 그리고 교실에서 치유 사역을 하기도 했습니다. 그래서 그는 기도 요청을 했습니다.

"무엇을 위하여 기도할까요?"라고 그녀가 물었습니다.

"내 감기를 위해 기도해 주시기 바랍니다"라고 그는 대답했습니다.

"당신의 감기? 만일 그것이 당신의 감기라면 기도하는 것이 무슨 소용이 있겠습니까? 당신은 벌써 그것을 받아들였기 때문에 치유를 받을 수 없습니다. 만일 당신이 마귀의 감기에서 구원받기를 원한다면 우리가 기도해 드리지요."

"그것이 바로 제가 뜻하는 것이었습니다"라고 그가 대답하였습니다.

그녀는 말하였습니다. "뜻하는 것을 말하십시오."

제 5 장
인간의 영을 훈련하기

잠 20:27
사람의 영혼은 여호와의 등불이라 사람의 깊은 속을 살피느니라

당신의 마음이 교육받을 수 있는 것과 같이 당신의 영도 교육을 받을 수 있습니다. 당신의 몸이 강해질 수 있는 것과 마찬가지로 당신의 영도 그 힘이 강하게 세워질 수 있습니다.

사람의 영이 훈련받고 발전될 수 있는 네 가지의 규칙이 있습니다.
1. 하나님의 말씀을 묵상함으로
2. 하나님의 말씀을 실천함으로
3. 말씀을 가장 우선으로 놓음으로
4. 당신의 영의 음성에 즉시 순종함으로

이것들을 실행하다 보면 당신은 당신의 삶에 작은 부분에서도 하나님 아버지의 뜻을 알게 됩니다. 왜냐하면 하나님이 당

신과 교통하시는 것은 당신의 영을 통한 것이고 당신의 마음이나 합리적인 기관을 통한 것이 아니기 때문입니다.

하나님이 잠언 20장 27절에 사람의 영은 주님의 등불이라고 말씀하였을 때 하나님은 사람의 영으로 사람을 인도하시고 가르치시겠다는 것을 의미합니다.

1. 하나님의 말씀을 묵상하기

이 네 가지 중에 세 가지는 하나님의 말씀과 관련이 있습니다. 우리는 하나님의 말씀의 가치와 말씀을 조용히 묵상하는 가치를 알아야 하겠습니다.

내가 아는 가장 영적으로 깊은 사람들은 모두 하나님의 말씀을 묵상하는데 시간을 들이는 사람들입니다. 당신은 묵상 없이 영적인 지혜를 발전시킬 수 없습니다. 하나님은 모세가 죽은 후 여호수아의 사역 초기에 이 사실을 분명히 알려 주셨습니다.

> 수 1:8
> 이 율법책을 네 입에서 떠나지 말게 하며 주야로 그것을 묵상하여 그 안에 기록된 대로 다 지켜 행하라 그리하면 네 길이 평탄하게 될 것이며 네가 형통하리라

다른 번역본은 이 마지막 구절을 이렇게 말하고 있습니다. "그리하면 너희는 너희 인생에 관한 일에 대하여 현명하게

다룰 수 있을 것이다." 하나님은 여호수아에게 그가 말씀을 묵상하면 그의 길이 번영하고 그가 성공을 할 것이라고 말하고 있습니다.

내가 사역자들의 회의에서 이러한 내용을 가지고 가르쳤습니다. 그런데 거기 참석했던 목사님 중의 하나가 이런 보고를 나에게 전해 주었습니다. 그는 그의 교회를 성공시키려고 모든 일을 다 시도하고 있었다고 합니다. 그는 성공하고 있다는 목사들의 소문을 들으면 그를 방문하고 그가 하는 것을 잘 관찰하고 그들이 가지고 있는 프로그램을 다 연구하였습니다. 그리고 그는 그 교회의 프로그램을 가져다가 자기 교회에 사용하곤 했습니다. 그러나 하나도 제대로 되는 것이 없었습니다. 그는 이것을 위해 비행기를 타고 전국을 돌아 다녔습니다.

그래서 그는 하나님이 여호수아에게 주신 이 법칙을 사용하여 보겠다고 결심했습니다. 그는 내가 가르친 대로 매일 아침 시간을 내어 조금씩 묵상을 하겠다고 결심을 했습니다.

30일 동안 이렇게 기도를 하면서 달라고 구하는 것 보다 말씀을 묵상하고 기다리는 데 시간을 보냈습니다. 그러던 어느 주일날 그에게 놀라운 일이 일어났습니다. 지난 2, 3년 동안 구원받았던 사람보다도 더 많은 사람이 그날 구원을 받은 것입니다. 그의 교인들은 다시 힘을 얻었고 그는 성공적인 사역을 시작하게 된 것입니다.

이것이 그의 삶이었고 그가 성공하기 위해서 했어야 한 일이 바로 그것이었던 것입니다. 좋은 성공이 필요했던 것입니다. 당신 삶의 소명은 다른 것일 수도 있습니다. 그러나 당신도 삶이 번성하고 좋은 성공을 가질 수가 있다는 것은 확실합니다. 당신도 인생의 문제를 어떻게 현명하게 다룰 수 있는지 알게 될 것입니다.

하나님의 말씀을 묵상하는데 시간을 보내십시오. 세상의 모든 문을 닫고 당신의 영과 홀로 있어 보십시오. 처음에는 하루에 10분이나 15분 정도 묵상에 사용해 보십시오. 그것은 많은 시간은 아닙니다. 당신의 영적 발전을 시작하십시오. 시작하면 성장할 것입니다. 시간을 들이는 것을 시작하십시오.

2. 하나님의 말씀을 실천하기

하나님의 말씀을 실천한다는 것은 우리가 야고보서에서 본 것 같이 '말씀을 행하는 자'가 되는 것입니다.

> 약 1:22
> 너희는 말씀을 행하는 자가 되고 듣기만 하여 자신을 속이는 자가 되지 말라

우리 가운데 '말씀을 말하는 자'들은 많이 있습니다. 그리고 '말씀을 기뻐하는 자'들도 많이 있습니다. 그러나 우리 가운데 '말씀을 행하는 자'들은 많지 않습니다.

모든 상황에서 말씀이 당신에게 요구하는 것을 하도록 '말씀을 행하는 자'가 되려고 실천하기 시작하십시오. 어떤 사람

들은 '말씀을 행하는 자'라는 것을 십계명을 지키는 사람이라고 생각합니다. 그것은 야고보서 1장 22절이 말하고 있는 것이 아닙니다. 무엇보다도 새로운 언약 아래서는 하나의 계명밖에 없습니다. 그 계명은 사랑입니다. 예수님은 말씀하셨습니다. "새 계명을 너희에게 주노니 서로 사랑하라 내가 너희를 사랑한 것 같이 너희도 서로 사랑하라"(요 13:34).

'말씀을 행하는 자'는 사랑할 것입니다. 당신이 누구를 사랑하면 당신은 그 사람에게서 도둑질하지 않습니다. 당신은 그 사람에 대하여 거짓말을 하지 않을 것입니다. 바울은 사랑이 율법의 완성이라고 했습니다. 당신이 사랑으로 행하면 죄를 짓지 않기 위해서 주어진 어떤 법칙도 범하지 않을 것입니다.

'말씀을 행하는 자'가 된다는 것은 주로 우리가 서신서에 적혀 있는 대로 행하는 것을 말합니다. 그것들은 우리들에게, 교회에게 쓰여진 편지입니다.

말씀을 행하는 예로써 여기 한 서신서에 있는 예를 살펴보겠습니다.

> 빌 4:6
> 아무 것도 염려하지 말고 다만 모든 일에 기도와 간구로, 너희 구할 것을 감사함으로 하나님께 아뢰라

우리가 이것의 한 부분을 실천하는 데는 아무 문제가 없습니다. - 기도하는 데는 문제가 없습니다. 그러나 당신이 한 부분만 실천을 하고 처음 부분은 실천하지 않는다면 당신은 말

씀을 실천하는 사람이 아닙니다. 그렇게 되면 당신은 '말씀을 행하는 자'가 아닙니다.

확대번역본은 빌립보서 4장 6장을 이렇게 말합니다. "어떤 일에라도 초조하거나 염려를 하지 말고 ……." 첫째로 우리는 초조해 하지 말아야 합니다. 만일 당신이 초조해하거나 염려를 하면 기도를 하는 것이 아무런 도움이 되지 않습니다. 그런 기도는 응답되지 않습니다. 지나친 염려와 초조로 가득찬 기도는 응답받지 못합니다.

나는 수년 전에 나를 찾아온 목사를 대단히 불쌍하게 생각했습니다. 그러나 어떤 경우에 사람에게 동정하는 것이 응답을 주는 것이 아닙니다. 폭풍과 시험이 그의 인생에 있었습니다. 그의 위장도 좋지 않았습니다. 그는 먹은 것을 하나도 소화시킬 수 없었습니다. 그는 잠도 잘 수 없었습니다. 그는 이 특별한 사건 때문에 신경이 몹시 예민해져 있었습니다.

그는 나에게 도움을 요청하러 왔습니다. 나는 그에게 말씀이 무엇이라고 하시는지 그리고 어떻게 기도를 해야 하는지에 대해서 말하기 시작했습니다. 내가 그를 격려하면서 지금 이 성경 구절을 읽고 그렇게 하자고 했을 때 그는 반항하며 말했습니다. "네, 그렇습니다. 그러나 모든 사람이 다 당신 같은 믿음이 있는 것은 아닙니다."

나는 이런 것이 신앙의 문제가 아니라 말씀을 실천하려는 노력의 문제라고 말했습니다. 나는 만일 그가 말씀을 실천한다면 그의 신앙은 자란다고 말해 주었습니다. 그리고 내가 어떻게 이 성경 구절을 실천하는지에 대해서 설명해 주었습니다. (내가 혼자 있을 때 나는 이 구절을 크게 읽습니다. 그리고 나는 주님께 주님의 말씀은 진리며 나는 그것을 믿는다고 말합니다.)

나는 그 목사에게 정말 걱정하고 초조해 할 수밖에 없는 입장이겠다고 말하고 싶은 유혹을 느꼈지만 하나님은 우리에게 할 수 없는 것을 요구하는 분이 아니시라고 말해 주었습니다. 하나님이 초조해 하지 말라고 하셨으면 그것은 우리가 할 수 있다는 것을 의미한다고 말해 주었습니다. 하나님은 의로우신 하나님이시며 하나님은 우리에게 할 수 없는 것을 요구하시는 분이 아닙니다.

내가 처음 이 구절을 실천할 때 하나님께 내 요구를 알려 드리는 것은 너무 쉬운 것 같았습니다. 그러나 내가 초조해 하지 않는 것은 너무 어려웠습니다. 그러나 하나님이 우리가 초조해 할 필요가 없다고 하셨기 때문에 나는 이렇게 선포합니다. "나는 어떤 일에든지 초조해하거나 염려하는 것을 거부한다."

나는 주님께 나의 요구를 주님께 가져다 드린 것과 그 응답을 주신 것에 감사합니다. 이것은 나의 영을 조용하게 하고 마귀가 나에게 주는 불안한 태도를 진정시켜 줍니다.

그리고 나는 일어나서 내 일을 하기 시작합니다. 그러면 나도 모르는 사이에 마귀는 나를 또 불안하게 만들려고 합니다. 그러면 나는 그 성경 구절로 돌아가 그것을 읽고 그것을 주장합니다.

그 목사는 그것을 실천하기 시작하였습니다. 그는 후에 문제가 해결되었고 그가 예상했던 대로 문제가 확대되지는 않았다고 내게 말해 주었습니다. 그는 어떤 문제로 소송을 당하고 있었는데 큰 문제로 발전되지 않았습니다. 하나님께서 이 문제를 해결 받도록 그를 도와주셨습니다.

당신은 어떤 일로 너무 초조하여 잠도 자지 못하고 먹지도 못할 수가 있습니다. 당신의 위장 속에는 마치 나비들이 있는 것 같이 느껴집니다. 그러나 당신은 말씀만 실천하면 응답을 받을 수 있습니다. 빌립보서 4장 7절은 빌립보서 4장 6절을 실천할 때 나타나는 결과입니다.

> 빌 4:7
> 그리하면 모든 지각에 뛰어난 하나님의 평강이 그리스도 예수 안에서 너희 마음과 생각을 지키시리라

많은 사람들은 7절이 말하고 있는 것을 원합니다. 그러나 그들은 6절이 말하고 있는 것을 실천하여 7절을 가지려고 하지 않습니다. 확대번역본은 7절을 이렇게 말하고 있습니다. "··· 모든 이해를 초월하는 하나님의 평화가 ··· 너희의 심령과 마음을 그리스도 예수 안에서 수비하고 보호하리라." 하나님의 평화가 당신의 심령과 마음을 보호할 것입니다. 그러나 당신은 '말씀을 행하는 자'가 되지 않고 응답을 받고 평화를 가질 수 있겠습니까? 아닙니다. 당신은 그렇게 할 수 없습니다.

6절은 우리들에게 초조해 하지 말라고 합니다. 항상 걱정하

고 초조해 하는 사람들은 계속하여 인생의 잘못된 면만을 생각합니다. 8절은 우리들에게 우리가 무엇을 생각해야 할지에 대해서 말해 주고 있습니다.

> 빌 4:8
> 끝으로 형제들아 무엇에든지 참되며 무엇에든지 경건하며 무엇에든지 옳으며 무엇에든지 정결하며 무엇에든지 사랑받을 만하며 무엇에든지 칭찬받을 만하며 무슨 덕이 있든지 무슨 기림이 있든지 이것들을 생각하라

8절을 실행하십시오. 이 구절을 실천하십시오. 옳은 일을 생각하십시오. 많은 사람들이 잘못된 것을 생각합니다. 그러므로 당신은 그들이 말하는 것을 통해 그들이 생각하는 것을 알 수 있습니다. 성경은 말합니다. "마음에 가득한 것을 말하느니라." 그들은 계속하여 걱정하고 초조하고 인생의 잘못된 것만을 생각하고 계속하여 불신앙을 이야기 합니다. 당신은 계속해서 불신앙을 말하면서 '말씀을 행하는 자'가 될 수 없습니다. 그들이 무엇인가를 말하면 할수록 그것은 점점 더 커집니다. 만일 어떤 일들이 진실하고, 정직하고, 의롭고, 순수하고, 사랑스러운 것 등이 아니라면 생각하지도 말고 말하지도 마십시오.

확대번역본에서 고린도전서 13장 7절은 "사랑 … 모든 사람의 제일 좋은 것을 믿을 준비가 되어 있다"고 썼습니다. 수년 동안 내가 들은 대부분의 이야기들은 이런 것들의 첫째 조건

에도 맞지 않습니다. 그것들은 진리가 아닙니다. 그러므로 당신이 들은 이야기를 말하지 마십시오. – 생각도 하지 마십시오. 당신이 듣는 것 중에 일부는 진리일 수 있지만 그들이 순수하고 사랑스럽지(이것을 주의하십시오) 않고는 좋은 보고(good report)가 아닐 수도 있습니다. 그러므로 우리는 그것들을 생각하지 말아야 합니다.

이런 것을 생각함으로 말미암아 우리는 마귀에게 자리를 내어 주게 되는 것입니다. 그의 가장 큰 무기는 슬그머니 제안하는 능력입니다. 그는 당신의 생각 속으로 들어오려고 노력합니다. 그렇기 때문에 우리는 하나님의 말씀을 통해 "이러한 일을 생각하라"는 지시를 받게 되는 것입니다.

성령 하나님은 교회에게 특별히 서신서를 통하여 말씀하시고 계십니다. 성령님이 교회에 보내는 이 편지에서 말씀하신 것을 묵상하십시오. 그리고 '말씀을 행하는 자'가 되십시오. 당신은 영적으로 자랄 것입니다.

3. 말씀을 가장 우선으로 놓기

우리 영의 훈련과, 발전과 교육은 하나님의 말씀을 우리의 삶에서 최우선으로 하는데 있습니다.

잠 4:20-22
20 내 아들아 내 말에 주의하며 내가 말하는 것에 네 귀를 기울이라

21 그것을 네 눈에서 떠나게 하지 말며 네 마음 속에 지키라
22 그것은 얻는 자에게 생명이 되며 그의 온 육체의 건강이 됨이
니라

하나님은 이 구절들에서 "내 말에 주의를 기울이고(집중을 하라는 것 – 최우선으로 하는 것) 내가 말하는 것에 귀를 기울이라(내가 말하는 것을 들으라), 그것들을 네 눈에서 떠나지 않게 하고 (계속하여 하나님의 말씀을 바라보고) 네 마음속에 (나의 말을) 간직하라"고 말씀합니다.

이대로 하면 큰 유익이 옵니다. 왜 하나님께서는 그의 말씀을 최우선으로 하라고 하시며 하나님이 말씀하시는 것을 들으라고 하시며 그 말씀을 눈에서 떠나지 않게 하고 그의 말씀을 우리의 심령에 두라고 하십니까? 이것은 "이것(하나님의 말씀)이 그것을 찾는 자에게 생명이고 그들의 육신에 건강"이기 때문입니다. (킹 제임스 번역의 여백에는 '그들의 육신에 약'이라고 했습니다)

하나님의 말씀에는 치유가 있는 것을 주목하십시오. 많은 사람들이 이런 면에 있어서 하나님의 말씀을 최우선으로 하지 않는 것이 저에게는 도리어 이상합니다. 12년 동안 내가 목회를 하는 동안 아픈 성도들이 있었는데 그들은 병원에 갔다 온 후 기도를 부탁하는 것입니다.

나는 의사에게 보이는 것이 잘못된 것이라고 말하는 것은 절대로 아닙니다. 우리는 의사와 병원을 믿으며 그들이 우리에게 있음을 하나님께 감사합니다. 내가 말하는 것은 왜 하나

님의 말씀을 우선으로 하지 않느냐 하는 것입니다. 어떤 경우 그리스도인들은 말씀을 가장 나중 순위에 놓곤 합니다.

그 당시 치유를 특별히 믿지 않는 한 침례교 목사님이 그가 편도선 문제로 고생한 이야기를 내게 들려주었습니다. 그의 의사들은 편도선을 잘라내야 한다고 해서 수술 날짜를 정해 놓고 있었습니다.

매일 아침 아이들이 학교 가기 전에 그와 그의 아내는 성경을 읽고 아이들과 함께 기도를 했습니다. 그가 병원에 입원하기로 예정된 날 그들이 읽은 성경 구절은 아사왕이 발에 병이 들자 주님을 찾는 것보다 의사들을 찾음으로 죽는 것이었습니다.

그 목사는 그 말씀이 자신을 자극하였다고 말하였습니다. 그는 그의 편도선을 위하여 기도도 하지 않은 것을 깨달았습니다. 그는 이것을 그의 아내와 아이들에게 말하고 같이 그의 편도선을 위해서 기도하자고 했습니다.

그들이 같이 기도할 때 주님은 그에게 수술을 하지 말라고 하셨습니다. 놀랍게도 주님은 그의 편도선을 치유해 주셨고 더 이상 편도선에 아무 문제가 없었습니다.

여기에 우리가 배울 교훈이 있습니다. 성경은 아사왕이 의사를 먼저 찾음으로 죽었다는 것을 암시하고 있지는 않습니다. 그러나 그가 주님을 최우선으로 해야 된다는 것을 암시하고는 있습니다. 우리도 우리 자신을 훈련하여 주님을 우선으로 하여야 하겠습니다.

우리는 우리 자신을 훈련하여 모든 일에 대하여 주님께 물어 보도록 해야 됩니다. "하나님의 말씀은 이것에 대하여 무엇이라고 합니까?" 우리는 하나님께서 우리 인생 가운데 일어나는 모든 일에서 무슨 말씀을 하시고자 하는지를 늘 물어보아야 합니다. - 그리고 그 말씀을 최우선으로 해야 됩니다.

어떤 경우 가족이나 친지들이 일을 서두르게 만든다 해도 당신은 하나님의 말씀이 어떻게 말하는지 생각해야 합니다. 인생의 어떤 경우에도 하나님의 말씀을 최우선에 두십시오.

4. 당신의 영의 목소리에 즉시 순종하기

인간의 영은 목소리가 있습니다. 우리는 그 소리를 '양심'이라고 부릅니다. 어떤 때 우리는 이것을 '직감' '내면의 음성' 혹은 '인도'라고 부르기도 합니다. 세상은 이것을 '예감'이라고 합니다. 이것은 당신의 영이 당신에게 하는 말입니다. 그가 구원을 받았거나 안 받았거나 그의 영에는 목소리가 있습니다.

우리가 지난 과에서 보았던 것과 같이 인간의 영은 영적인 사람이고, 영의 사람이고, 속사람이고, 숨겨진 사람입니다. 그는 육체적인 감각으로부터 숨겨진 사람입니다. 당신의 육체적인 눈으로는 그를 볼 수 없고 육체적인 손으로도 그를 만질 수가 없습니다.

고린도후서 5장 17절에 의하면 이것이 새로운 피조물이 된 사람입니다. 사람이 거듭나면 그의 영이 새로 태어난 것입니다.

하나님은 에스겔과 예레미야를 통하여 하나님이 사람의 돌 같은 굳은 심령을 빼고 새로운 심령을 줄 때가 올 것이라고 예언하셨습니다. 하나님은 하나님의 영을 우리에게 주시겠다고 하셨습니다. 새로운 언약 아래서는 새로운 탄생이 있습니다.

새로운 탄생은 인간의 영이 다시 태어나는 것입니다. 고린도후서 5장 17절이 말해 주듯이 누구든지 그리스도안에 있으면 그는 새로운 피조물입니다 - 그의 영에서 낡은 모든 것이 - 옛 품성이 - 옛것들이 지나갔으니 모든 것이 새로워진 것입니다.

당신이 새로 탄생한 영으로 하여금 말씀을 묵상할 특권을 허락하게 되면 그것이 모든 지식의 원천이 될 것입니다. 당신의 영은 건강하여지고 당신 속에 있는 양심의 목소리는 영의 교육을 받아서 진실한 인도자가 될 것입니다. 왜냐하면 '사람의 영은 주님의 등불' 이기 때문입니다. 당신의 거듭난 영은 그 안에 하나님의 성품과 생명이 있습니다.

성령님은 당신의 영 안에 거하십니다. "너희 안에 계신 이가 세상에 있는 자보다 크심이라"(요일 4:4). 성령님이 당신 안에 거하십니다. - 당신의 머리 안에 거하시는 것이 아니고 당신의 영 안에 거하십니다. 하나님은 당신의 영을 통하여 당신과 교통해야 합니다. 왜냐하면 거기가 그분이 거하시는 곳

이기 때문입니다. 당신의 영은 그분으로부터 정보를 받습니다. 당신은 영에 순종하는 것을 배우십시오!

어떤 사람은 양심의 소리는 안전한 인도가 아니라고 말합니다. 그러나 그것이 항상 맞는 말은 아닙니다. 믿는 자의 양심은 안전한 인도입니다. 당신의 양심은 당신의 영의 소리입니다. 당신의 영의 소리는 하나님이 당신에게 말씀하시는 소리가 될 수 있습니다. 하나님은 당신의 영을 사용하여 당신을 인도하고 가르치십니다. 당신의 영이 말씀으로 양육되고 묵상을 하는 특권을 가질 때 이것은 점점 더 안전한 인도가 되는 것입니다. 영은 말씀으로 훈련됩니다. 바울은 항상 그의 양심의 소리에 순종한다고 하였습니다.

어떤 사람은 이렇게 말합니다. "당신은 목사입니다. 그러므로 성령님이 당신에게는 나와 다르게 특별히 말씀하실 것입니다."

그렇지 않습니다. 성령님은 우리들 각자의 사역에 따라 조금씩 다르게 다루시기는 합니다만 개인적으로 말씀하시는 것에 있어서는 모든 믿는 자들을 똑같이 다루십니다. 하나님은 우리 속사람의 목소리로 말하십니다. 성령님의 목소리로 하는 것이 아니고 우리 영의 목소리가 말하는 것입니다.

우리가 그것을 놓치는 이유는 우리가 항상 영적인 것을 바라보지 않기 때문입니다. 그 대신 우리는 하나님을 우리의 감각세계 혹은 육체적인 영역으로 불러들이려고 합니다. 우리는 양털을 내어놓고 하나님께 말합니다. "하나님 당신이 내가 그것을 하는 것을 원하시면 이렇게 해 주세요."

기드온이 양털을 내어놓았습니다. 그러나 그에게는 하나님의 성령이 없었음을 기억하십시오. 구약에서는 성령님이 특별한 사역자 위에 내려오곤 하였습니다. 기드온은 오늘날 우리로 말하면 평신도였습니다. 그는 성령님의 기름부으심이 없었습니다. 하나님은 그를 감각적인 것으로 다루어야만 했습니다. 하나님은 오늘도 그렇게 하실 수 있습니다. 그러나 만일 그렇게 하신다면 그것은 우리가 영적으로 너무 둔하기 때문입니다!

새로운 언약 아래서는 예수님이 말씀하셨습니다. "내가 아버지께 구하겠으니 그가 또 다른 보혜사를 너희에게 주사 영원토록 너희와 함께 하리니"(요 14:16). 기드온은 성령님을 몰랐습니다. 당신은 성령님을 압니다.

하나님은 성령님으로 말미암아 사람의 영을 통해서 사람을 다룹니다. 그리고 예수님은 그에 대하여 이렇게 말씀하셨습니다. "진리의 영이신 그분이 오시면 너희를 모든 진리로 인도하시리라"(요 16:13)고 말한 것을 찾을 수 있습니다.

사단은 감각의 영역의 왕입니다(고린도후서 4장 4절을 보십시오). 많은 경우에 사람들은 하나님을 감각의 영역으로 끌어 들이려고 합니다.

신약성경 어디에도 "양털에 의하여 인도받는 자는 하나님의 아들이라"고 말한 곳은 없습니다. 그러나 당신은 성경이 이렇게 말한 것을 찾을 수 있습니다. "무릇 하나님의 영으로 인도함을 받는 사람은 곧 하나님의 아들이라"(롬 8:14).

하나님은 당신의 영을 통하여 인도하고 지도하실 것입니다. 당신은 이것을 알아야 합니다. "사람의 영혼은 여호와의 등불이라." 많은 사람들이 자신들에게 주어진 것들을 사용하지 않기 때문에 많은 것을 놓칩니다.

한 사업가가 양털을 내어놓고는 해도 좋을 것 같아 보인다고 사업상 거래를 결정했다가 수 천불의 돈을 잃어버린 것을 내게 이야기해 주었습니다. 그의 집과 그가 가진 사업의 전부를 지불한 것이었습니다. 어떤 사람이 아주 좋아 보이는 사업상의 거래를 가지고 찾아 왔습니다. 그는 필요한 현금을 가지고 있지 않았기 때문에 그의 부동산을 저당 잡혀야 돈을 빌릴 수 있었습니다. 그는 그 사업의 거래를 가지고 온 사람에게 기도해 보아야 하겠다고 말했습니다.

"우리는 이틀 안에 이 일을 해야 합니다. 그렇지 않으면 이 기회는 없어지는 것입니다"라고 그 사람이 대답하였습니다.

그래서 그는 이런 양털을 내어 놓았습니다. "주님 만일 주님이 제게 이 일을 하기 원하시면 이 자연적인 영역에서 무엇인가 나타내 주세요."

그런데 양털은 '그렇다' 라고 말하는 것 같았습니다. 그래서 그는 양털을 따라갔고 그는 돈을 다 잃어 버렸습니다.

그는 내가 그런 것에 대해서 가르친다는 말을 듣고 그 사건에 대해서 이야기하여 주었습니다. 그리고 그는 어디서부터 하나님의 말씀을 놓쳤는지 잘 알지 못했기 때문에 상당히 혼란했다고 말했습니다. 그렇지만 그는 지금에서야 그의 속에 있는 소리가 계속하여 하지 말라고 했던 것을 기억해냈던 것입니다!

우리는 하나님이 우리의 영을 통해 인도하시는 것을 깨달아야 하겠습니다. 만일 우리의 영 안에 하나님의 성품과 생명이 있고 그리고 하나님의 말씀을 묵상할 권리가 주어진다면 우리의 영은 안전한 인도자가 되는 것입니다.

내 사역의 초기에 나는 양털을 내어놓는 사람들의 이야기를 들었습니다. 그래서 나도 다른 목회지에 옮겨 갈 지에 대해서 양털을 내어놓았습니다. 나의 양털은 내가 있던 교회를 떠나 다른 교회로 가라는 것이었습니다. 내가 당신들께 '나는 양털로 당했다'고 말하고 싶습니다. 나는 그렇게 해서는 안된다는 것을 배웠습니다. 하나님에게는 어떤 때는 맞고 어떤 때는 틀리는 그런 것보다 더 좋은 방법이 있습니다.

그것이 내가 교회를 옮기는 일에 있어서 하나님의 뜻을 잘못 택한 유일한 경우였습니다. 다른 경우에, 나는 기도하고 내 속의 음성을 들었고 내 영의 목소리에 순종했습니다. 내가 그렇게 했을 때 비로소 나는 하나님의 완전한 뜻 가운데서 행한 것이었습니다. 영의 소리에 순종하는 것을 배우십시오. 만일 당신이 그것에 익숙하지 않다면, 물론 당신은 단시간 내에 배울 수는 없습니다. 이 장 첫 머리에서 당신의 영도 당신의 마음같이 교육받을 수 있는 것을 배웠습니다. 그리고 당신의 영은 당신의 몸과 마찬가지로 강해지고 건강해질 수 있는 것도 배웠습니다. 그러나 당신이 1학년을 한 주일 만에 끝내지 않았고 바로 12학년을 다음 주에 졸업하지 않았던 것과 같이 당신의 영도 하룻밤 새에 교육되고 훈련받을 수는 없습니다. 당신이 말씀의 빛 속에 행하고, 이 장에서 언급된 네 가지 법칙을 실천한다면 당신은 결국 당신의 영 안에서 인생의 작은 일에서도 무엇을 해야 하는지 알게 되는 자리까지 오르게 될 것입니다. 당신은 인도함을 받겠고 곧 '네'와 '아니요'를 들을 수 있을 것입니다.

"사람의 영혼은 여호와의 등불이라 사람의 깊은 속을 살피느니라."

제 6 장
하나님께로부터
당신이 원하는 것을 받는 방법
(How To Write Your Own Ticket With God)

막 5:25-34
25 열두 해를 혈루증으로 앓아 온 한 여자가 있어
26 많은 의사에게 많은 괴로움을 받았고 가진 것도 다 허비하였으되 아무 효험이 없고 도리어 더 중하여졌던 차에
27 예수의 소문을 듣고 무리 가운데 끼어 뒤로 와서 그의 옷에 손을 대니
28 이는 내가 그의 옷에만 손을 대어도 구원을 받으리라 생각함일러라
29 이에 그의 혈루 근원이 곧 마르매 병이 나은 줄을 몸에 깨달으니라
30 예수께서 그 능력이 자기에게서 나간 줄을 곧 스스로 아시고 무리 가운데서 돌이켜 말씀하시되 누가 내 옷에 손을 대었느냐 하시니
31 제자들이 여짜오되 무리가 에워싸 미는 것을 보시며 누가 내게 손을 대었느냐 물으시나이까 하되
32 예수께서 이 일 행한 여자를 보려고 둘러 보시니
33 여자가 자기에게 이루어진 일을 알고 두려워하여 떨며 와서 그 앞에 엎드려 모든 사실을 여쭈니
34 예수께서 이르시되 딸아 네 믿음이 너를 구원하였으니 평안히 가라 네 병에서 놓여 건강할지어다

아리조나주 휘닉스에서 어느 날 저녁 예배 후에 몇 사람들이 간식들을 준비하고 있을 때 나는 성령님의 기도하라는 특별한 강권함을 느꼈습니다.

그래서 나는 친구들에게 말하였습니다. "나는 기도해야 합니다. 나는 기도를 해야만 합니다. 나는 지금 기도해야 합니다."

"그러면 다 같이 기도합시다"라고 그들이 동의해 주었습니다.

나의 무릎이 바닥에 닿기도 전에 나는 영에 있었습니다. 당신은 영에 있다는 것이 무슨 뜻인지 아십니까? 요한은 주님의 날에 영에 있었습니다(계 1:10).

그 때 나는 내가 휘닉스에 있는지 혹은 그 방에 있는지 전혀 몰랐습니다. 내가 하얀 구름 위에서 무릎을 꿇은 것 같았습니다.

45분간 나는 방언으로 기도했습니다. 탄식하면서 내가 할 수 있는 한 빠르게 열심히 기도했습니다. 나는 잃어버린 어떤 사람을 위해서 중보기도 하고 있다는 것을 알 수 있었습니다. 그 중보기도 끝에 나는 승리의 확신을 받았습니다.

그리고 나는 환상을 보았습니다. 주님은 내게 자세한 환상을 보여 주셨는데 72세의 노인이 다음 주일날 저녁 예배에서 구원을 받는 것이었습니다.

그리고 주 예수께서 자신을 나에게 나타내 주셨습니다. 내가 당신을 보듯이 그분을 분명하게 보았습니다. 그분은 내게서 3피트 정도 떨어져 서 계셨습니다. 그분은 나의 사역과 재정에 대해서 말씀해 주셨습니다. 그리고 그분은 우리 미합중국 정부에 대해서도 말씀해 주셨습니다. 이런 모든 일들은 그분이 말씀하신대로 되었습니다. 그분은 나에게 권고하는 것으로 끝을 내었습니다. "내 아들아, 신실하게 너의 사역을 하여라. 때가 짧으니라." 이 환상은 1953년 12월에 있었습니다.

예수님께서 돌아서서 가시려고 했습니다. 그래서 나는 "사랑하는 주 예수님, 당신이 가시기 전에 내가 질문을 하나 해도 될까요?"라고 물었습니다.

예수님은 그의 발걸음을 돌려 내가 무릎을 꿇고 있는 곳 가까이 오셔서 말씀하셨습니다. "그래, 질문을 해도 좋다."

"사랑하는 주님, 주님이 이 땅에 계실 때 주님의 옷자락을 만져서 치유함을 받은 여인에 대해 두 개의 설교문을 제가 가지고 있습니다. 저는 그 두 개의 설교를 다 영감으로 받았습니다. 저는 가는 곳마다 그 설교를 합니다. 그리고 제가 그 설교를 할 때마다 내 영으로 마가복음 5장에서 또 다른 설교를 성령님이 주시고자 하는 것을 느끼곤 합니다. – 그 설교는 그 전의 두 설교를 보충해 줄 것입니다.

그리고 제가 놀라운 기름부음 안에서 기도할 때 여러 번 내 영이 그 메시지를 받을 수 있는 곳으로 가는 것 같았지만 어떤 일인지 저는 받지 못하곤 합니다. 만일 이것이 사실이라면 예수님께서 그 설교를 제게 주셨으면 좋겠습니다."

예수님은 말씀하셨습니다. "네가 맞다. 나의 영, 곧 성령이 너의 영에게 다른 설교를 주려고 했지만 너는 잘 받지 못하였다. 내가 여기 왔으니 나는 네가 구하는 것을 주겠다. 내가 그 설교의 개요를 주겠다. 연필과 종이를 가지고 받아 적어라."

나는 종이와 연필을 달라고 하려고 눈을 떴습니다. 그러자 나는 예수님을 볼 수 없었습니다. 나는 나와 같이 기도하는 사람들을 보았습니다. 내가 다시 눈을 감았을 때 예수님은 그전 같이 거기 서 계셨습니다. 이것이 영적인 환상입니다.

환상에는 세 가지의 환상이 있습니다; (1) 영적 환상, 당신이 당신의 영의 눈으로 보는 것입니다. (2) 입신(trance), 당신의 육체적 감각이 정지되고 당신의 몸이 있는 지도 모르는 상태가 됩니다. (3) 내가 열린 환상이라고 부르는 것입니다. 이것은 가장 높은 차원의 환상입니다. 당신의 육체적인 감각이 그대로 있고 당신은 입신 상태가 아닙니다. 당신의 눈은 환히 열려 있지만 당신은 영적인 영역을 보게 됩니다.

나는 이 모든 것을 알아낼 만큼 영리한 사람이 아닙니다. 한 번은 예수님이 내게 환상으로 오셔서 내게 세 가지의 환상이 있다고 말씀해 주셨습니다. 예수님은 그것들을 설명하시며 성경 말씀으로 증명해 주셨습니다. 그러나 당신은 내가 말했기 때문에 그대로 받아 드릴 필요는 없습니다. 어떤 사람이 어떤 말을 하더라도 그것이 성경에 의해 증명되지 않는다면 그 사람이 환상을 보았다는 것 때문에 그의 말을 그대로 받아들이지 마십시오.

만일 예수님이 당신에게 무슨 말을 하시든지 – 만일 하나님의 영이 당신에게 어떤 계시를 가져오신다면 – 이것은 성경과 같은 맥락이어야 합니다. 그렇지 않다면 그것은 하나님의 영으로부터 온 것이 아닙니다. 옛날의 성인들이 성령의 감동을 받아서 성경을 썼습니다(벧후 1:21). 성령님은 그 자신과 반대되는 일을 행하지 않으시며 자신을 거짓말하는 자로 만들지도 않을 것입니다.

예수님은 말씀하셨습니다. "1, 2, 3, 4 라고 쓰거라." 나는 눈을 감은 채 '1, 2, 3, 4' 라고 썼습니다. 나는 설교가 네 가지 요점이 있다는 것을 알았습니다.

주님은 또 말씀하셨습니다. "만일 어떤 사람이 어디서나 이 네 가지 단계를 거치거나 이 네 가지 원칙들을 사용한다면 그는 언제나 그가 원하는 것을 나로부터, 혹은 하나님 아버지께로부터 받을 것이다."

나는 여기서 당신이 즉시 적용하여서 구원이나 성령 세례나 치유나 영적 승리, 혹은 재정 분야에 관해서 무엇이든지 현재 시제로 받을 수 있도록 예수님이 주신 네 가지 단계에 대하여 설명하겠습니다.

그러나 어떤 것들, 즉 재정적인 문제라든지 치유의 나타남 등은 시간이 걸릴 수도 있습니다. 이런 경우에는 이 네 가지 단계를 원리로 삼아 일정 기간을 실천하여야만 합니다. (농부는 아무 때나 나가서 목화를 따거나 밀을 타작할 수 없고 그것들이 자랄 때까지 기다려야 합니다.) 그러나 하나님께 감사하는 것은 그것들이 곧 올라가야 할 계단이든지, 일정 기간 동안 실천해야 될 원리든지 간에 당신은 당신이 말하는 것을 가질 수 있다는 것입니다. 당신은 당신이 원하는 것을 하나님으로부터 받을 수 있습니다.

"너는 하나님께 요청 티켓을 쓸 수 있다"라고 예수님은 말씀하셨습니다.

첫 단계 : 그것을 말하십시오

이것은 너무 간단하기 때문에 어리석어 보입니다. 네 가지의 단계는 사실 다 간단한 것입니다. 사실 예수님은 그의 모든 설교에서 복잡한 것을 말한 적이 없습니다. 당신은 그것을 아셨습니까? 예수님이 가르친 군중들 속에는 교육받은 사람이 거의 없었기 때문에 예수님은 교육을 전혀 받지 못한 사람들도 이해할 수 있는 방식으로 말씀하셨습니다.

예수님은 포도원과 과수원, 양과 목자들에 대하여 말씀하셨습니다. 예수님은 영적인 진리를 아주 간단한 방법으로 설명하셔서 보통 사람들도 다 알아들을 수 있게 하였습니다. 하나님은 결코 누구에게든지 어떤 복잡한 일을 주어서 이해할 수 없게 하시지 않습니다. 만일 그것이 하나님 아버지께로부터 왔다면 그것은 분명하고 자세하고 간단할 것입니다.

우리는 종종 예수님 자신이 항상 치유를 주도하셨고, 사람들은 아무것도 하지 않았다고 생각합니다. 우리는 오늘날과 같이 그 때 사람들도 무슨 일을 해야 된다고 생각하지 않습니다. 그러나 그들은 그들의 역할을 해야 했습니다. 만일 그 장님이 실로암에 가서 그의 눈에 진흙을 씻어 버리지 않았다면 어떻게 되었을까요?(요 9장) 그가 볼 수 있었을까요? 아닙니다. 그는 볼 수 없었을 것입니다. 베데스다 못에 누워있던 사람은 어떻게 되었을까요? 만일 그가 "나는 일어날 수 없습니다!"라고 이렇게 말했다면 어떻게 되었을까요? 그 사람도 자기가 해야 할 일이 있었나요? 그렇습니다. 그는 그가 할 일을 한 것입니다!

예수님은 내게 이렇게 물어 보셨습니다. "혈루병 앓는 여인이 치유받기 위해서 취한 첫 단계는 무엇이냐?"

성경은 누군가 그 여자에게 예수님의 이야기를 해 주었다고 말합니다(막 5:27). 그 여자는 예수님에 대하여 알았습니다. 그 여자는 예수님이 사람들의 병을 치유한다는 것을 알았습니다. 28절은 이렇게 말하고 있습니다. "이는 여인이 말하기를 '만일 내가 그분의 옷만 만져도 낫게 되리라'고 함이라" 이것이 그 여자가 한 첫 번째 단계입니다 : 그 여자는 말한 것입니다.

나의 환상에서 예수님은 말씀하셨습니다. "긍정적이나 부정적인 것은 그 개인에 달려 있다. 그 개인 자신이 말하는 것에 따라 그는 받을 것이다."

예수님은 또 말씀하셨습니다. "그녀는 긍정적인 말 대신에 부정적인 말을 할 수도 있었다. 그렇게 했다면 그녀는 치유 받지 못했을 것이다. 그녀는 이렇게 말할 수도 있었다. '가 봐도 소용없을 거야. 나는 너무 오래 동안 고생을 했어. 12년간이나 앓았고 유명한 의사들도 고치질 못했는데. 내 재산은 의사들한테 모두 다 써 버렸지만 나는 낫기는커녕 더욱 악화되고 있잖아. 나는 살 소망이 없어. 죽는 게 낫겠어..'"

예수님은 말씀하셨습니다. "만일 그녀가 이렇게 말했다면 그것이 그 여자가 받을 것이었다. 그러나 그녀는 부정적인 말을 하지 않았다. 그녀는 긍정적인 말을 했다. 그녀는 '만일 내가 그분의 옷자락만 만져도 낫게 되리라'고 말했다."

그리고 그녀가 말한 대로 되었던 것입니다!

그러므로 여러분도 당신이 말한 그것을 가질 수 있습니다. 당신은 하나님께 원하시는 것을 말씀드려서 받을 수 있습니다. 그렇게 하는 데 있어서 처음 단계는 말하는 것입니다.

당신이 하나님께 무엇을 받는 데는 두 가지의 역할이 필요합니다: 하나는 하나님의 역할이고 다른 하나는 당신의 역할입니다. 하나님은 자신의 역할을 하는 데는 실수가 없으십니다. 당신은 그것을 알 것입니다. 이제 당신이 당신의 역할을 하기만 하면 당신은 응답과 승리를 확신할 수 있습니다.

만일 당신이 패배했다면 당신은 당신의 입술 때문에 패배한 것입니다. 당신이 당신 자신을 패배하게 한 것입니다. 성경은 잠언 6장 2절에서 "너는 네 입의 말들로 덫에 걸렸으며 네 입의 말들로 잡힌 것이니라(혹은 너는 너의 입의 말로 포로된 것이다)"고 말하고 있습니다.

한 저자는 이렇게 말하였습니다; "네가 할 수 없다고 말하므로 네가 그 말을 한 그 순간에 너는 벌써 진 것이다. 네가 믿음이 없다고 말했고 그래서 의심이 거인같이 올라와서 너를 묶어 버렸다. 네가 실패를 말하면 실패가 너를 묶어 버린다."

당신이 당신의 시험, 어려움, 믿음이 부족한 것, 돈이 없는 것을 말한다면 - 당신의 믿음은 시들어서 말라버릴 것입니다. 그러나 하나님을 축복합니다. 당신이 하나님의 말씀을 이야기 하면 하늘에 계신 당신의 사랑스러운 아버지께서 그분이 하실 수 있는 일을 하실 것입니다. - 당신의 믿음은 무럭무럭 자랄 것입니다.

만일 당신이 질병을 고백하면 당신의 기관 속에 질병을 발전시킬 수 있습니다. 당신이 두려움과 의심을 말한다면 그것들은 당신 안에서 자라 더욱 강해질 것입니다. 당신이 돈이 없다는 것을 고백하면 돈이 들어오는 것을 막아 버릴 수 있습니다. 비록 이것들이 역설적으로 들릴지 몰라도 그렇지 않습니다. 이것은 진리입니다. 나는 이것을 진리로 여러 번 증명하였습니다.

두 번째 단계 : 그것을 행동하십시오(Do it)

예수님은 내 환상 속에서 나로 받아 적게 하셨습니다. "너의 행동이 너를 패배하게 한다. 너의 행동에 따라서 네가 받을 수도 있고 못 받게 되기도 한다."

이것은 중요한 것입니다! 내가 다시 말하겠습니다. 당신의 행동이 당신을 패배하게 하고 실패하게 합니다. 당신의 행동에 따라서 당신은 받기도 하고 받지 못하기도 합니다.

마가복음 5장에서 이 여인은 많은 장애를 극복했습니다. 그녀는 하나님께서 그 장애들을 없애 달라고 기도하지 않았습니다. 그녀는 그냥 일어나서 그 장애를 딛고 걸었던 것입니다.

성경시대에는, 혈루병을 가진 사람은 문둥병자와 같이 취급되었습니다. 그래서 그녀의 종교적인 가르침에 의하면 군중들 속에 갈 수가 없었습니다. 그러나 그녀의 행동은 이렇게 말하고 있는 것입니다. "종교건 뭐건 나는 치유를 받아야 하겠다." 그 당시 여자들은 군중 속에 섞이는 것이 허락되어지지 않았습니다. 그러나 그 여자의 행동은 다시 말하고 있는 것입니다. "관습이나마나 나는 치유를 받아야 하겠다."

그녀가 그곳에 갔을 때 그 여인과 예수님 사이에는 많은 사람들이 있었습니다. 그녀의 약한 육체적 상황으로는 충분히 포기할 이유가 있었을 것입니다. 그러나 하나님을 축복합니다. 그녀의 행동으로 이렇게 말했습니다. "사람이 많건 적건 나는 예수님한테 가야 한다." 그래서 그녀는 팔꿈치로 밀고 나갔던 것입니다.

그녀의 행동은 그녀의 믿음을 보여 주는 것입니다. 자 일어나서 당신과 예수님 사이, 그리고 당신과 치유 사이를 가로막는 장애물을 넘어 걸으십시오. 말은 물론, 행동으로 당신의 믿음을 내어놓으십시오.

혈루병 앓던 여인이 "만일 내가 그의 옷이라도 만질 수 만 있다면"이라고 말하면서(28절) 그녀가 이 말한 것을 행동으로 옮기지 않았다면 아무 것도 받을 수 없었을 것입니다. 그러나 그녀는 행동했습니다. 오, 주님을 찬양합니다. 그리고 그녀는 받았습니다.

세 번째 단계 : 그것을 받으십시오(Receive it)

말하는 것, 행동하는 것, 그리고 받는 일.

"이에 그의 혈루 근원이 곧 마르매 병이 나은 줄을 몸에 깨달으니라"(29절).

예수님은 "내 능력이 내 몸에서 나간 것을 느꼈다. '누가 나의 옷을 만졌느냐'"고 말씀하셨습니다(30절). (성경여백의 관주는 이렇게 말합니다. 예수님이 '능력이 내게서 나갔다'라고 말씀하셨습니다.)

나는 여러분이 이것에 주목하시기를 원합니다. '느낌'과 '치유'가 '오는 것'과 '하는 것'을 따랐던 것입니다.

그 여인은 먼저 말하였습니다. 그리고 둘째로 그녀는 왔습니다. 그리고 그녀는 받았습니다. 그리고 그녀의 몸에 치유 받았다는 것을 느꼈던 것입니다. 대부분의 사람들은 말하기 전에 느낌과 치유를 원합니다. 그러나 그것은 그렇게 되는 것이 아닙니다. 당신이 말하는 것과 행동을 먼저 해야 합니다. 그러면 당신은 치유와 느낌을 갖게 됩니다.

예수님이 "능력이 내게서 나갔다"고 말씀하셨습니다. 그 당시 예수님은 삼위일체 하나님의 유일한 대표로서 이 땅에서 일하고 계셨습니다. 예수님은 성령의 기름부음을 받았습니다. 예수님이 이 땅에 계시는 동안 우리가 능력이 있는 곳으로 가기를 원한다면 예수님이 있는 곳으로 가야만 했습니다.

누가복음 5장 17절에 보면 어느 날 예수님께서 가르치고 계셨습니다. 갈릴리와 유다의 온 지방에서 바리새인과 율법의 박사들이 모여서 예수님의 말씀을 들었습니다. "병을 고치는 주의 능력이 예수와 함께 하더라."

예수님은 열두 제자들에게 어느 정도의 능력을 주어 내보내셨습니다. 그리고 또 칠십 인의 제자들에게도 같은 능력을 주어 내보냈습니다. 그리고 예수님이 떠나시기 전에 말씀하셨습니다. "내가 떠나가는 것이 너희에게 유익이라 내가 떠나가지 아니하면 보혜사가 너희에게로 오시지 아니할 것이요 가면 내가 그를 너희에게로 보내리니"(요 16:7).

예수님이 천국으로 가셨을 때, 예수님은 삼위일체의 세 번째 분이신 성령님을 이 땅에 보내셨습니다. 그래서 성령님은 오늘날 이 땅에 삼위일체 중에 유일하신 분으로 일하시고 계십니다.

예수님은 내게 "능력은 항상 어디든지 있다"고 말씀하셨습니다.

만일 사람들이 그것을 알기만 한다면! 그는 어느 곳에나 계십니다!

그리고 어디든지 그가 계신 곳에는 능력이 있습니다.

핵폭탄이 공중에서 터질 때 나오는 방사성 물질에 대하여

전 세계가 염려하고 있습니다. 그 방사선은 보이고 느껴지는 능력이 아닙니다. 그러나 이것은 죽음에 이르게 할 만큼 매우 위험한 능력입니다.

또 오늘날 이 세상에는 위험하거나 죽음에 이르게 하지도 않는 능력도 역사하고 있습니다. - 좋은 능력입니다. 이 능력은 치유를 하고 구원을 하며 자유를 가져오는 것입니다. 보이지도 않고 들리지도 않는 이 초자연적인 능력은 언제나 어디에나 있습니다.

이것은 마치 전기 콘센트에 플러그를 꽂는 것과 같습니다. 만일 우리가 이런 초자연적인 능력을 열어놓는 것을 배울 수만 있다면 우리는 이것을 우리 자신들을 위하여 사용하게 할 수 있으며 치유도 받을 수 있습니다. 만일 이 세상 모든 병실에 모든 아픈 사람들이 이 능력에 대하여 알며 또 어떻게 사용하는지를 안다면 그들의 모든 병은 치유 받을 것입니다.

만일 정신 병원에 있는 사람들이 이 능력을 알기만 한다면 그들이 있는 그 방에도 능력이 있는 것입니다. - 그들을 모두 치유하고도 남을 만한 능력이 있고 그 정신 이상인 사람들을 치료할 수 있고 모든 귀신을 다 내어 쫓으며 묶인 사람을 풀어 놓을 수 있는 능력이 있습니다.

당신은 만일 능력이 그곳에 있다면 왜 모든 사람이 치유함을 받지 못하냐고 물을 것입니다. 그렇다면 이 혈루병 여인이 예수님께로 가기 위해서 밀치며 다가가던 그 군중들 가운데로 다시 돌아가 봅시다.

"딸아" 예수님이 말씀하셨습니다. "네 믿음이 너를 구원하였으니"(34절) 여기에 비밀이 있습니다. 이것은 그 여인의 믿음이 치유의 능력을 그 여자에게로 흘러오게 했던 것입니다. 예수님이 내게 말씀하셨습니다. "능력은 언제나 어디에나 있다." - 모든 질병에서 구원해 줄 능력, 모든 귀신으로부터 구원할 능력, 그리고 아프고 멸망시키는 어떤 것으로부터도 구원해 줄 능력. 믿음은 그 능력이 활동하게 만드는 것입니다.

우리는 지금 그 비밀을 알았습니다. 이것은 숨겨진 비밀은 아닙니다. 어떤 사람에게는 이것이 비밀일지 모르지만 그러나 우리에게는, 그리고 누구든지 이것에 대해 듣기만 하면 볼 수 있게 됩니다.

예수님은 "누가 내 옷에 손을 대었느냐?"(30절)고 물으셨습니다. 제자들이 대답했습니다. "무리가 에워싸 미는 것을 보시며 누가 내게 손을 대었느냐 물으시나이까?"(31절)

그날, 많은 사람들이 예수님을 만졌습니다. - 호기심으로, 혹은 우연하게, 그리고 어떤 사람은 혹시 무슨 일이 일어나지는 않을까 하여 만졌습니다. 그러나 믿음으로 만지기 전까지는 예수님으로부터 아무런 능력이 흘러나오지 않았습니다! 그러나 믿음으로 만지는 순간, 그 능력이 흘러나오게 한 것입니다.

1934년 그날, 치유하는 능력이 나의 몸을 둘러쌌을 때 나의 모든 걱정, 부족함, 육체적인 질병의 증상들이 내 몸에서 밀려

나갔습니다. 나는 그때 내가 무엇을 하는지 알지 못했습니다. 그러나 지금은 압니다.

나는 단순히 마가복음 11장 23-24절을 근거로 하여 행동했던 것입니다. "나는 하나님을 믿습니다. 나는 불구의 심장이 치유 받은 것을 믿습니다. 나의 마비 증상도 치유 받은 것을 믿습니다. 나는 불치의 혈액병도 치유 받은 것을 믿습니다"라고 말하기 시작하였습니다. 그 세 가지가 의사들이 나에게 말해 준 것의 전부입니다. 내가 무엇인가 빠뜨린 경우를 생각해서 이렇게 말했습니다. "나는 내가 머리에서부터 발바닥 끝까지 치유함을 받은 것을 믿습니다."

나는 내가 그 성경 구절로 행동하는 것을 알았습니다. 그리고 이것이 믿음입니다. 믿음은 하나님의 말씀을 행동하는 것입니다. 하나님께 영광 드립니다. 나는 하늘의 능력에 호스를 꽂은 것입니다. 나는 따뜻한 기운이 내 머리 위로부터 내 몸 전체로 마치 누가 내 위에서 꿀을 붓는 것처럼 흘러내리는 것을 느꼈습니다. 이것은 내 머리에서부터 내 어깨로 흘렀고 그리고 내 팔과 내 손가락까지 내 몸 아래로 흘러내렸습니다. 감각이 나의 상체에 돌아왔습니다. 그전에는 75% 정도밖에 감각이 없었습니다. 나의 허리 밑으로는 전혀 감각이 없었습니다. 나의 몸은 죽은 것이었습니다. 그러나 이 능력이 내 몸으로 내려 와서 내 발가락으로 나갔을 때 감각이 되돌아 온 것이었습니다. 마비증상이 없어졌습니다. 그리고 나는 내가 방 중앙에 서서 손을 들고 하나님을 찬양하는 것을 발견했습니다.

나는 49년이나 지난 지금도 치유가 된 그대로입니다.

당신은 하나님께서 이 치유의 능력을 그날만 하늘에서 내려보내셨다고 생각하십니까? 아닙니다! 그 능력은 내가 병상에 있은 16개월 동안 매일 그 방에 있었습니다. 왜 그 능력이 아무 것도 할 수 없었을까요? 내가 믿음의 스위치를 켜지 않았기 때문입니다.

많은 사람들이 "나는 하나님이 나를 언젠가는 고치시리라고 믿습니다"라고 말하면서 치유가 자기에게 다가오기를 기다리다가 죽었습니다. 이것은 비성경적인 말이고 믿음이 전혀 없는 말입니다. 이 말은 응답을 가져올 수 없습니다.

사람들이 말합니다. "해긴 목사님, 당신은 하나님이 왜 나를 치유해 주시지 않는지 아세요?"

어떤 때는 내가 이렇게 대답함으로 사람들을 놀라게 합니다. "하나님은 당신의 치유를 위하여 하실 일은 이미 다 하셨습니다."

그들은 놀란 눈으로 말합니다. "그러면 하나님이 나를 치유하시지 않겠다는 말입니까?"

나는 그들에게 대답합니다. "나는 그렇게 말하지 않았습니다. 나는 하나님이 당신의 치유를 위하여 하실 일은 이미 다 해놓으셨다고 말했습니다. 하나님은 예수님을 2000년 전에 이 땅에 보내셨습니다. 그리고 하나님께서는 당신의 약함과 질병을 예수님께 지게 하셨고 예수님은 그것을 가져가 버렸습니다. '우리의 연약한 것을 친히 담당하시고 병을 짊어지셨도다' (마

8:17). 하나님은 당신의 병을 위하여 벌써 일을 하신 것입니다. 왜 당신은 하나님이 하신 일을 받아들이지 않으십니까?"

하나님은 아무 것도 하시지 않을 것입니다. 왜냐하면 벌써 하나님은 구원에 대하여, 성령님에 대하여, 치유에 대하여, 그리고 귀신들로부터 자유하게 하는 일을 하셨기 때문입니다. 이제는 당신이 능력의 스위치를 올릴 차례입니다.

믿음은 그 플러그입니다. 하나님을 찬양합니다. 그냥 스위치를 올리십시오.

어떻게 올리냐고요?

말을 하십시오. 행동하십시오. 받으십시오.

네 번째 단계 : 그것을 전하십시오(Tell it)

여인은 '자기에게 이루어진 일을 알고 두려워하여 떨며 와서 그 앞에 엎드려 모든 사실을 여쭈니"(33절).

예수님뿐만이 아니라 거기 있던 군중들도 다 그녀의 말을 들었습니다. 그녀는 자기에게 이루어진 모든 일을 주님께 말했습니다.

예수님이 내게 말씀하셨습니다. "다른 사람도 믿도록 말하여라."

그녀가 고침을 '받으리라'고 믿는 것을 말했던 첫 단계와 그녀가 무슨 일이 일어났는지를 말했던 마지막 단계에는 커다란 차이가 있습니다.

그렇습니다. 가서 전하는 것은 성경적입니다(막 5:19). 주님을 찬양합니다! 그분은 "가서 그 상태에 있는 사람들이 치유를 '받겠는가 못받겠는가'에 대하여 질문하고 토론해 보아라"고 말하지 않았습니다. 그분은 그냥 "가서 전하라"고 말씀하셨습니다.

환상 중에 내가 말했습니다. "주님, 알겠습니다. 그 누구라도 이 네 가지의 단계만 잘 한다면 그 여인처럼 치유를 받을 수 있다는 것을 내가 알았습니다. 그런데 예수님, 만일 어떤 사람이 어디에서나 이 네 가지 단계만 잘 한다면 무엇이든지 그들이 원하는 것을 다 받겠다고 말씀하셨습니다. 그렇다면 성령의 충만함도 그렇게 받을 수 있다는 말입니까?"

예수님께서 대답하셨습니다. "물론 그렇다."

그래서 또 내가 물었습니다. "주님, 그러면 그리스도인들은 어떻습니까? 그들은 인생의 여러 면에서 승리가 필요합니다. 그들은 세상과, 육신과, 또 마귀들을 다 다루어야 합니다. 어떤 사람들은 육신에 대한 승리가 필요하고 어떤 사람들은 마귀들에 대한 승리가 필요하고 또 어떤 사람들은 세상을 이기는 승리가 필요합니다. 그리고 어떤 사람들은 이 모든 일에서 승리가 필요합니다. 그러면 이 모든 믿는 자들이 어디서나 세상이나 육신이나 마귀에 대한 승리를 다 얻을 수 있다는 말입니까?"

예수님은 강조하면서 말씀하셨습니다. "그렇다!"

그리고 계속하여 말씀하셨습니다. "그들이 그렇게 네 가지의 단계를 하지 않으면 승리할 수가 없다. 그들이 내게 승리를 달라고 기도하는 것은 시간만 낭비하는 것이다. 그들은 먼저 원하는 것을 받을 수 있도록 해야 할 것이다."

나는 또 말했습니다. "그러면 주님, 나에게 성경 구절을 주셔서 증명해 주십시오. '만일 듣지 않거든 한두 사람을 데리고 가서 두세 증인의 입으로 말마다 확증하게 하라'(마 18:16)고 말씀하셨습니다. 그러므로 내게 이 네 가지 원칙이 들어 있는 성경 구절을 주시면 내가 믿겠습니다. 내가 예수님을 보았다 하여도 만일 예수님이 말씀하신 것을 성경으로 증거하지 못한다면 나는 어떤 환상도 받아들이지 않을 것입니다."

예수님은 나를 꾸중하지 않으셨습니다. 예수님은 웃으시면서 말씀하셨습니다. "그래 좋다."

"구약에도 승리가 있다. 네가 어려서 주일 학교 다닐 때부터 알았던 것이다"라고 예수님은 말씀하셨습니다.

나는 이 네 가지 원칙이 들어있는 이야기를 생각해 낼 수가 없었습니다. 그래서 내가 말했습니다. "예수님께서 어디라고 말씀해 주셔야 하겠습니다."

예수님은 말씀하셨습니다. "사무엘상 17장에 다윗과 골리앗의 이야기다."

"잠깐만요. 다윗이 그렇게 했다고 말씀하시는 것은 아니겠지요?"라고 내가 말했습니다.

예수님은 말씀하셨습니다. "정확히 그렇게 했다. 다윗은 그 네 가지 단계를 모두 한 것이다. 다윗이 가장 먼저 한 일은 말한 것이다"(32절).

당신은 당신 자신이 그 성경 구절을 읽어 볼 수 있습니다. 나는 그 환상 이후에 읽어 보았습니다. 다섯 번이나 다윗은 행동하기 전에 말했습니다.

다윗의 아버지는 다윗을 전쟁터로 보내 전쟁 중에 있는 그의 형들에게 줄 물건을 가져다주고 전쟁 상황에 대해서도 알아보도록 했습니다. 다윗이 그곳에 갔을 때 블레셋 사람들은 저쪽 계곡에 이스라엘 사람들은 이쪽 계곡에 진을 치고 있는 것을 보았습니다.

다윗이 거기 있는 동안 골리앗이라는 거인이 나와서 이스라엘 군대를 향해서 이렇게 말하는 것이었습니다. "나하고 싸울 사람을 내보내라. 내가 그를 이기면 너희들은 우리의 종이 될 것이다. 그리고 그가 나를 이기면 우리가 너희의 종이 될 것이다."

이스라엘군에서는 아무도 그를 맞서 싸우려는 사람이 없었습니다. 모든 이스라엘 사람들보다 어깨에서 머리만큼 더 큰 사울왕도 나가 싸우려고 하지 않았습니다.

> 삼상 17:32
> 다윗이 사울에게 말하되 그로 말미암아 사람이 낙담하지 말 것이라 주의 종이 가서 저 블레셋 사람과 싸우리이다 하니

그리고 다윗은 말하였습니다! 하나님을 찬양합니다. 그것이 다윗이 한 첫 번째 일이었습니다.

여기 시골의 한 소년이 나가서 거인과 싸우겠다고 말한 것

입니다. 그의 맏형인 엘리압은 다윗이 전쟁터에 온 것에 대해서 이렇게 비웃었습니다. "네가 돌보는 그 양들은 어디 있느냐?" 그러나 다윗은 말하였습니다.

> 삼상 17:34-37
> 34 다윗이 사울에게 말하되 주의 종이 아버지의 양을 지킬 때에 사자나 곰이 와서 양 떼에서 새끼를 물어가면
> 35 내가 따라가서 그것을 치고 그 입에서 새끼를 건져내었고 그것이 일어나 나를 해하고자 하면 내가 그 수염을 잡고 그것을 쳐 죽였나이다
> 36 주의 종이 사자와 곰도 쳤은즉 살아 계시는 하나님의 군대를 모욕한 이 할례 받지 않은 블레셋 사람이리이까 그가 그 짐승의 하나와 같이 되리이다
> 37 또 다윗이 이르되 여호와께서 나를 사자의 발톱과 곰의 발톱에서 건져내셨은즉 나를 이 블레셋 사람의 손에서도 건져내시리이다 사울이 다윗에게 이르되 가라 여호와께서 너와 함께 계시기를 원하노라

다윗은 우리가 말하는 대로 가지게 될 수 있다는 것을 알았습니다. 그는 하나님께 원하는 것을 다 받을 수 있다는 것을 알았습니다. 그래서 그는 말한 것입니다. 그는 하나님께서 자신이 믿기만 하면 무엇이든지 주신다는 것을 알았습니다. 당신을 위해서도 하나님은 같은 일을 하실 것입니다. 하나님께서 당신을 위해서 더 많은 일을 하실 수 없었던 유일한 이유는 당신이 하나님을 더 많이 믿지 않았기 때문입니다!

사실 지금의 당신과 당신이 가진 모든 것은 당신의 믿음과

당신이 과거에 말한 결과일 뿐입니다.

어떤 사람이 다윗이 사울에게 말한 것을 전했습니다. 사울은 다윗을 데려오라 했습니다.

사울은 다윗에게 자신의 전투복을 주기를 원했습니다. 그러나 다윗은 받지 않았습니다. "다윗이 칼을 군복 위에 차고는 익숙하지 못하므로 시험적으로 걸어 보다가 사울에게 말하되 익숙하지 못하니 이것을 입고 가지 못하겠나이다 하고 곧 벗고"(39절)

다윗은 골리앗에 대항하여 목동들이 쓰는 물매와 막대기만 가지고 나갔습니다. 거인이 그를 보았을 때 그는 다윗을 경멸했습니다. "다윗을 보고 업신여기니 이는 그가 젊고 붉고 용모가 아름다움이라." 골리앗은 말했습니다. "네가 나를 개로 여기고 막대기를 가지고 내게 나아왔느냐?"

골리앗은 자신의 이방신을 빙자해 다윗을 저주하고 그를 위협하였습니다. 다윗은 그로 하여금 말하도록 놔두었습니다. 당신은 마귀들이 말하는 것을 막을 수 없습니다. 입을 놀리라고 놔두십시오. 그러나 그가 말하는 것이 끝나면 당신도 말할 수 있습니다.

다윗은 말했습니다. (그가 원하는 그것을 하나님께 지금도 말하고 있는 것입니다.) "너는 칼과 단창으로 내게 나아오거니와 나는 만군의 여호와의 이름 곧 네가 모욕하는 이스라엘 군대의 하나님의 이름으로 네게 나아가노라"(45절).

다윗의 말은 아직 끝나지 않았습니다! 다윗은 골리앗에게 또 말했습니다. "내가 너를 쳐서 네 목을 베고 블레셋 군대의 시체를 오늘 공중의 새와 땅의 들짐승에게 주어 온 땅으로 이스라엘에 하나님이 계신 줄 알게 하겠다."

어떻게 어린 시골 소년이 그렇게 말할 수 있었겠습니까? 그는 군인이 아니었습니다. 그는 한번도 전쟁을 위해 훈련을 받은 적이 없었습니다. 그러나 여기서 그는 거인을 대항해 싸우고 있는 것입니다.

이 거인이 얼마나 컸을까요? 나는 조사를 해 보았습니다. 성경은 골리앗의 키가 여섯 규빗 한 뼘이라고 합니다. 아주 유명한 유대 역사가 훌라비스 조셉퍼스에 의하면 이스라엘 역사 속에서 규빗은 시대에 따라 다른 길이로도 표시되었다고 합니다. 짧은 것으로 잰다면 골리앗은 거의 10피트나 됩니다. 긴 것으로 잰다면 골리앗은 11피트나 됩니다.

다윗은 무엇을 했습니까? 다윗은 이러한 상황에서 '내가 얼마나 큰가' 혹은 '자연적인 관점에서 내가 무엇을 할 수 있는가'를 보지 않았습니다. 그는 '나의 하나님은 하실 수 있다'는 관점에서 보았던 것입니다.

다윗은 거인을 하나님의 편에서 재고 있었습니다. 골리앗이 11피트라는 것은 아무 상관이 없었습니다. 하나님에 비하면 이것은 코끼리와 개미 정도도 아니었습니다. – 가장 작은 개미와도 비교가 안되는 것입니다.

당신이 당신의 모든 문제를 이렇게 재어보기 시작한다면 당신의 상황은 다르게 보일 것입니다. '거인' 은 우리가 우리들 자신으로 그들을 재어볼 때 큰 것입니다.

　오늘도 당신은 그 중 몇을 마주 보고 있을지 모릅니다. 나는 수년 간 그들을 마주 보아 왔습니다. 그러나 당신이 그들을 하나님 옆에 놓아 본다면 그들은 커 보이지 않습니다. 왜냐하면 하나님이 더 크시기 때문입니다. 하나님이 더 크십니다. 하나님이 더 크십니다. 하나님이 더 위대하십니다. "이는 너희 안에 계신 이가 세상에 있는 자보다 크심이라."(요일 4:4) 우리는 하나님의 말씀과 같은 맥락에서 생각합시다.

　하나님은 마귀보다 더 크십니다. 하나님은 땅에 있는 어떤 거인보다도 더 크십니다. 하나님은 우리가 당면하는 그 어떤 적보다도 더 크십니다. 하나님은 우리에게 다가오는 어떤 능력보다 더 크십니다. 하나님은 우리에게 달려오는 어떤 힘보다 더 크십니다.

　여러분이 이렇게 생각할 때, 그리고 당신이 모든 일들을 이렇게 보게 될 때 당신이 그렇게 믿고 말하게 되면 조만간에 당신은 그곳에 당면하게 될 것입니다. 다윗은 뛰어나가 거인을 상대하는 것을 서둘렀습니다. 그는 거인의 머리를 잘라 버렸습니다.

　첫째, 다윗은 말했습니다. 두 번째, 다윗은 행했습니다. 셋째, 다윗은 받았습니다. 그리고 넷째, 그들이 말했습니다. 여인들이 그들의 소고와 악기를 들고 춤추고 노래하기 시작하였습니다. "사울이 죽인 자는 천천이요. 다윗은 만만이로다"(삼상 18:7).

어떤 사람이 "어떻게 다윗은 하나님이 그렇게 해 주실 줄 알았습니까?"라고 생각할 수도 있습니다.

하나님은 하시겠다고 말씀하신 것은 다 하시는 분이십니다. 그리고 하나님은 당신이 믿는 것을 모두 해 주시는 분이십니다. 당신은 원하는 모든 것을 하나님께 받을 수 있습니다.

당신은 원하는 것을 모두 하나님께 받을 준비가 되어 있습니까? 만일 당신이 치유나 세상에서의 승리, 혹은 육신이나 마귀로부터의 승리를 원한다면 하나님의 말씀을 말하고 행동하면 됩니다. "나는 승리의 표를 지금 쓰고 있습니다."

당신은 사람들에게 손을 얹고 기도해 달라고 요구할 필요도 없습니다.

담배나 약 같은 습관에 잡힌 사람들이 내 앞에서 말합니다. "해긴 목사님, 그것은 내게서 떠나버렸어요. 나는 더 이상 그것을 원하지 않아요." 그들은 승리의 표를 사용한 것입니다. 그들은 말합니다. "나는 또 다시 귀신들에게 괴롭힘을 당하지 않습니다." 그들은 그 거인의 머리를 잘라버린 것입니다.

당신 자신을 거인에 비교해 재지 마십시오. 거인을 하나님께 대하여 재 보십시오.

예수님이 내게 말씀하였습니다. "여기서 이스라엘은 하나님의 백성을 상징하는 것이다. 골리앗은 너의 인생 가운데 있는 어떤 거인일 수 있다. 이 거인은 마귀나 귀신, 세상, 육신, 질병, 그리고 하나님의 백성과 승리 사이에 서 있는 무엇이든 그것을 상징한다. 그러나 하나님의 자녀는 누구나 승리의 표를 쓸 수 있다."

1952년에 뉴멕시코 주의 클로비스라는 도시에서 텐트 집회를 할 예정이었습니다. 내가 어머니에게 우리가 계획하고 있는 여행에 대하여 말하였을 때 어머니는 "요즘은 사고가 많이 나니까" 나더러 조심하여 운전하라고 했습니다.

어머니는 내가 여행할 때마다 밤새도록 깨어 기도를 하며 혹시 내가 사고 났다는 전화가 오는 것은 아닌가 하고 늘 걱정하신다고 하셨습니다. 나는 어머니에게 만일 어머니가 믿음으로 기도를 했다면 잠을 잘 주무실 수 있어야 한다고 말하였습니다. (나는 내 어머니에게도 다른 사람들에게와 똑같이 이 진리를 말해 주어야 했습니다.)

어머니는 말했습니다. "아들아, 나는 네가 믿음이 있는 것을 안다. 그러나 나는 항상 별로 믿음이 없어." (어머니는 순복음 교회의 교인이었습니다. 그러면서도 하나님의 축복은 쏙 빼놓고 말씀하고 계셨습니다.)

어머니는 내가 운전을 하는 동안 항상 내가 기도한다는 것을 알고 있다고 말씀하셨습니다.

나는 어머니에게 말했습니다. "나는 결코 그렇지 않습니다. 나는 하나님께서 나와 함께 해 달라는 기도도 안합니다."

"그게 무슨 소리니? 네가 뭔가 잘못되었구나!"라고 어머니는 말씀하셨습니다.

"하나님의 말씀대로예요." 내가 어머니에게 말했습니다. 나는 예수님이 "내가 결코 너희를 버리지 아니하고 너희를 떠나지 아니하리라"(히 13:5)고 우리들에게 약속하신 것을 어머니에게 상기시켜 드렸습니다. 나는 어머니에게 항상 이렇게 말하라고 가르쳐 드렸습니다. "하늘에 계신 아버지 나는 정말 당신의 말씀에 감사합니다. 그리고 예수님이 나와 늘 같이 하셔서 너무 기쁩니다."

시편 34편은 이렇게 말합니다. "여호와의 천사가 주를 경외하는 자를 둘러 진치고 그들을 건지시는도다." 나는 어머니에게 하나님과 예수님 그리고 성령님 외에도 천사들이 나와 같이 한다는 것을 이야기해 드렸습니다. 나는 노래하며 기쁨으로 나아갑니다.

그러나 어떤 것이든 하나님께서 말씀하신 것이 마치 잘 익은 앵두가 당신 무릎에 떨어지듯이 모든 일들이 저절로 되리라는 말은 아닙니다. 당신은 인생이 마치 꽃 침대에 누워서 흘러 떠내려가는 것 같이 쉽고 편하게만 사는 것은 아닙니다. 마귀가 당신을 시험하고 유혹할 것입니다.

1954년에 오레곤에서 집회를 끝낸 후 집으로 가는 길에 솔트레이크시에 들러서 몰몬교 회당을 보러 갔습니다. 우리는 몰몬교도가 아니었으므로 안에는 들어 갈 수 없었지만 안내하는 사람들이 그 속에 무엇이 있는지를 말해 주었습니다. 그 안내원은 어떻게 몰몬교도들이 소달구지로 돌들을 나르고 그 회당을 오래 견딜 수 있도록 잘 지었는지 말해 주었습니다.

회당 꼭대기에는 천사가 나팔을 부는 모습의 형상이 있었습니다. 그것은 구리에다 금을 입힌 상이었는데 12피트 반이나 되었습니다. 이것은 1820년 조셉 스미스에게 나타났던 모로나이 천사를 만든 것이었습니다. 이 천사가 그에게 땅을 파서 금판을 꺼내어 몰몬경으로 번역하게 하였다는 것입니다.

나는 몰몬경을 받아들일 수 없습니다. 나는 읽어보았지만 그것이 신약 성경과 맞지 않았습니다. 사도 바울이 말했습니다. "그러나 우리나 혹은 하늘로부터 온 천사라도 우리가 너희에게 전한 복음 외에 다른 복음을 전하면 저주를 받을지어다" (갈 1:8)

우리가 잔디밭에서 안내인의 말을 듣고 있을 때 나는 누군가가 내 뒤에서 세차게 넘어지는 소리를 들었는데 어찌나 세차게 넘어졌던지 머리를 땅에 두 번이나 부딪쳤습니다. 누군가가 어린 소년이 넘어졌다고 말했습니다. 안내인은 이렇게 말했습니다. "내가 이런 이야기들을 할 때면 자주 이런 일들이 일어납니다." 그는 그 일이 그가 말하고 있는 것을 확증시키는 초자연적인 표적이라고 생각하는 듯 했습니다. 그는 그 소년을 나무 뒤에 끌어다 놓으면 몇 분 뒤 돌아올 것이라고 말했습니다.

나는 돌아다보지 않았지만 내 아내는 돌아다보았고 그것이 당시 15살이었던 우리의 아들 켄이라고 했습니다. 그가 넘어질 때 어찌나 세게 넘어졌는지 신발들이 다 벗겨져 있었습니다. 그의 무릎은 그의 가슴까지 올라와 있었습니다. 그의 손들도 비틀려 있었고 그의 입은 마치 간질을 하듯 혀를 물고 있었습니다. 그의 눈은 고정되어 흐려져 있었습니다.

총알보다 더 빠르게 마귀는 그의 화살을 내 마음에 던졌습니다. "너는 너의 아이에게 그런 일이 일어날 수 없다고 했지." 그는 내게 내 아들이 간질이 난 그림을 보여 주었습니다. 그리고 내가 나가서 설교를 하는 동안 무슨 병으로 인해 요양원에 들어가 있는 것을 보여 주었습니다.

그러나 하나님께 감사합니다. 나는 하나님께 내가 원하는 것을 구할 수 있는 표를 쓸 수 있었습니다.

나는 내 아들의 팔을 잡고 일으켜 세웠습니다. 그 아이는 뻣뻣했습니다. "이 아이에게서 나와라!" 나는 그 땅을 걸으면서 거기 있는 악한 영들을 느끼고 있었습니다. 나는 또 말했습니다. "나는 주 예수 그리스도의 이름으로 이 아이에게서 나올 것을 네게 명하노라!"

켄이 바로서서 눈을 껌벅거렸습니다. 그는 나를 부르며 자기가 어디에 있는지 자기에게 무슨 일이 일어났는지를 물어보았습니다. 나는 귀신이 너를 넘어지게 했다고 말했습니다. 그러나 예수님은 그 어떤 귀신보다도 크시다는 것을 말해 주었습니다. 우리는 승리의 표를 거기서도 썼던 것입니다.

안내인은 이것이 자기가 한말을 증거하기 위해 나타나는 초자연적인 능력이라고 했지만 나는 예수님의 이름으로 그 나타남을 묵살해 버렸던 것입니다. 당신도 이같이 말하고, 할 수 있습니다.

당신은 마귀를 대항할 수 있는 큰 권세가 있습니다. 당신은 위축될 필요가 없습니다.

당신은 당신의 승리의 표를 쓸 수 있는 것입니다.

1. 그것을 말하십시오.
2. 그것을 행동하십시오.
3. 그것을 받으십시오.
4. 그것을 전하십시오.

제 7 장
하나님과 같은 종류의 믿음
(The God-Kind of Faith)

막 11:12-14; 20-22
12 이튿날 그들이 베다니에서 나왔을 때에 예수께서 시장하신지라
13 멀리서 잎사귀 있는 한 무화과나무를 보시고 혹 그 나무에 무엇이 있을까 하여 가셨더니 가서 보신즉 잎사귀 외에 아무 것도 없더라 이는 무화과의 때가 아님이라
14 예수께서 나무에게 말씀하여 이르시되 이제부터 영원토록 사람이 네게서 열매를 따 먹지 못하리라 하시니 제자들이 이를 듣더라
20 그들이 아침에 지나갈 때에 무화과나무가 뿌리째 마른 것을 보고
21 베드로가 생각이 나서 여짜오되 랍비여 보소서 저주하신 무화과나무가 말랐나이다
22 예수께서 그들에게 대답하여 이르시되 하나님을 믿으라

우리가 이 구절을 주의해 봅시다. "하나님을 믿으라"(22절). 혹은 관주에 써 있듯이 "하나님의 믿음을 가지십시오." 희랍어 학자들은 이것이 다음과 같이 번역될 수도 있었다고 합니다.

"하나님 종류의 믿음을 가지십시오."

예수님은 자신이 '하나님과 같은 믿음'을 가지신 것을 보여 주셨습니다. 멀리서 무화과나무에 잎사귀가 무성한 것을 보시고 그곳에 가서 열매를 찾았습니다. 어떤 사람들은 그 때가 무화과 때가 아닌데 왜 예수님이 열매를 찾았는지 묻기도 합니다. 그러나 그 나라에서는 잎사귀가 있는 나무들은 대개 열매를 조금 가지고 있습니다. 나무에서 열매를 찾지 못하신 예수님께서 이것에 말씀하셨습니다. "이제부터 영원토록 사람이 네게서 열매를 따 먹지 못하리라."

다음날 예수님과 그 제자들이 그곳을 지나갈 때 그들은 무화과나무가 뿌리부터 마른 것을 발견했습니다. 베드로가 말한 "랍비여 보소서 저주하신 무화과나무가 말랐나이다" 하는 질문이 예수님으로 하여금 굉장히 놀라운 말씀을 하시게 한 것입니다. "하나님을 믿으라 내가 진실로 너희에게 이르노니 누구든지 이 산더러 들리어 바다에 던져지라 하며 그 말하는 것이 이루어질 줄 믿고 마음에 의심하지 아니하면 그대로 되리라"(막 11:22, 23).

예수님이 제자들에게 하나님과 같은 믿음을 가지라고 한 후 예수님은 우리에게 이것이 무엇인지를 정의하시고 설명해 주셨습니다. 하나님 종류의 믿음이란 사람이 (1) 그의 심령으로 믿는 믿음입니다. (2) 그의 입으로 그의 심령이 믿는 것을 말하는 믿음입니다. (3) 이것이 그대로 이루어지는 것을 믿는 믿음입니다.

예수님은 이런 종류의 믿음이 있음을 보여 주셨습니다. 왜냐하면 예수님이 말씀하실 때 그렇게 될 것을 믿었기 때문입니다. 그는 나무에게 말씀하셨습니다. "이제부터 영원토록 사람이 네게서 열매를 따먹지 못하리라." 이런 종류의 믿음이 세상을 말씀으로 창조하신 믿음입니다.

히 11:3
믿음으로 모든 세계가 하나님의 말씀으로 지어진 줄을 우리가 아나니 보이는 것은 나타난 것으로 말미암아 된 것이 아니니라

하나님이 어떻게 하셨다고요? 하나님은 그가 말씀하신 것이 그대로 이루어질 것이라는 것을 믿었습니다. 하나님이 말씀하셨고 그러자 땅이 생겼습니다. 그는 온갖 채소들이 존재하라고 말씀하셨습니다. 그리고 동물들도 존재하라고 말씀하셨습니다. 그는 하늘과 땅, 달과 해, 별과 온 세계를 존재하도록 말씀하셨습니다. 하나님은 말씀하셨고 그렇게 되었습니다. 이것이 하나님과 같은 믿음입니다. 하나님은 당신이 말하는 것이 그대로 되리라는 것을 믿었습니다. 그리고 그렇게 되었습니다!

예수님은 이런 하나님과 같은 믿음을 그 제자들에게 보여 주셨습니다. 그리고 그들에게도 그러한 믿음이 있다는 것을 말씀해 주셨습니다. – 사람이 심령으로 믿고 입으로 믿는 것을 말하면 그대로 이루어지는 것을 믿는 믿음입니다.

어떤 사람은 이렇게 말할 수도 있습니다. "나는 그런 종류

의 믿음을 원합니다. 나는 하나님께 그런 믿음을 달라고 기도할 것입니다." 만일 당신이 그렇게 한다면 당신은 시간만 낭비하는 것입니다. 당신은 그것을 위해 기도할 필요가 없습니다. 당신은 이미 가지고 있습니다.

> 롬 12:3
> 내게 주신 은혜로 말미암아 너희 각 사람에게 말하노니 마땅히 생각할 그 이상의 생각을 품지 말고 오직 하나님께서 각 사람에게 나누어주신 믿음의 분량대로 지혜롭게 생각하라

모든 믿는 자들은 하나님과 같은 믿음을 일정한 분량 받았습니다. 사도 바울은 이 사실을 믿는 자들에게 "너희 각 사람에게 말하노니"라고 썼습니다. 로마서는 세상의 죄인들을 향해 쓰여진 것이 아닙니다. 이것은 그리스도인들을 위해 쓰여진 것입니다. 이 편지는 "로마에서 하나님의 사랑하심을 받고 성도로 부르심을 받은 모든 자에게"(롬 1:7)라고 쓰고 있습니다. 그리고 이 편지에서 하나님이 우리 "각 사람에게 나누어주신 믿음의 분량대로" 모든 믿는 자, 모든 하나님의 자녀, 그리고 모든 그리스도인들은 일정한 분량의 하나님과 같은 믿음이 있습니다.

이것을 더 증명하는 것이 에베소서 2장 8절에 있습니다. "너희는 그 은혜에 의하여 믿음으로 말미암아 구원을 받았으니 이것은 너희에게서 난 것이 아니요 하나님의 선물이라." 믿음은 당신 자신의 것이 아닙니다. 이것은 은혜를 말하고

있는 것이 아닙니다. 모든 사람이 은혜는 우리의 것이 아니라는 것을 알고 있습니다. 바울은 우리가 구원받은 믿음이 우리로부터 온 것이 아니라고 말하고 있습니다. 이것은 자연적 인간적 믿음이 아닙니다. 이것은 하나님이 죄인에게 주신 믿음입니다.

그러면 어떻게 하나님은 죄인에게 구원받을 믿음을 주셨습니까? 로마서 10장 17절은 이렇게 말합니다. "그러므로 믿음은 들음에서 나며 들음은 그리스도의 말씀으로 말미암았느니라."

우리가 지금 본 믿음에 관한 표현을 주의하여 봅시다. "그러므로 믿음은 … 나고 … " "하나님이 각 사람에게 … 믿음의 분량을 나누어 주셨다" "너희는 … 믿음으로 구원을 받았느니 ; 이것은 너희에게서 난 것이 아니요 ; 이것은 … 선물이라"

바울은 믿음은 '주어지는 것'이고, 믿음의 분량이 나누어 주어졌고, 믿음은 '오는 것'이라고 말하고 있습니다.

> 롬 10:8
> 그러면 무엇을 말하느냐 말씀이 네게 가까워 네 입에 있으며 네 마음에 있다 하였으니 곧 우리가 전파하는 믿음의 말씀이라

성경 – 하나님의 이 말씀 – 은 믿음의 말씀이라고 부릅니다. 왜 이것이 믿음의 말씀이라고 불리울까요? 왜냐하면 이것은 구원받지 못한 사람들의 심령에도 믿음을 오도록 하기 때문입니다. 온 우주를 존재하게 하시는 그런 종류의 믿음을 우

리의 심령 속에 나누어 주셨습니다. 믿음은 말씀을 통하여 우리들에게 주어집니다.

로마서 10장 8절의 말씀을 다시 주목하십시오. "그러면 무엇을 말하느냐? 말씀이 네게 가까워 네 입에 있으며 네 마음에 있다 하였으니 곧 우리가 전파하는 믿음의 말씀이라" 이것은 예수님이 말씀하신 마가복음 11장 23절과 정확히 일치합니다. "그 말하는 것이 이루어질 줄 믿고 마음에 의심하지 아니하면……"(막 11:23).

여기서 우리는 하나님과 같은 믿음에는 고유한 근본적인 원칙이 있음을 볼 수 있습니다. 심령으로 믿고 입으로 말하는 것입니다. 예수님은 믿으시고 그리고 말씀하셨습니다. 하나님은 믿으시고 그리고 말씀하셨습니다. 그래서 이 지구와 세상을 실체가 되도록 말씀으로 만드신 것입니다.

로마서 10장에 9절과 10절은 이렇게 말합니다. "네가 만일 네 입으로 예수를 주로 시인하며 또 하나님께서 그를 죽은 자 가운데서 살리신 것을 네 마음에 믿으면 구원을 받으리라 사람이 마음으로 믿어 의에 이르고 입으로 시인하여 구원에 이르느니라."

말씀을 듣는 중에 죄인들에게 믿음의 분량이 역사하기 시작합니다. 그리고 그들은 그들의 삶에서 구원의 실체를 창조하여 내는데 그 믿음을 사용하게 됩니다.

믿는 사람들이 "언제 당신은 구원 받았습니까?"라는 질문을 받을 때 그들은 "7월 10일 밤 9시경에요"라고 대답합니다. 그러나 그것은 잘못된 것입니다. 하나님은 그들을 2000년 전에 구원하셨으니까요. 그들이 믿고 고백을 할 때 그것이 실제화 된 것뿐입니다.

구원은 모든 사람의 것입니다. 이 세상의 모든 남자와 여자들은 구원을 받을 법적인 권리가 있습니다. 예수님은 당신과 나만을 위하여 죽으신 것이 아니라 온 세상을 위하여 죽으셨습니다. 이 진리가 죄인들에게 전파될 때 믿음이 오게 됩니다. 그가 믿고 고백할 때 그의 믿음으로 그의 삶에 실제를 창조해 내는 것입니다.

> 롬 10:13, 14, 17
> 13 누구든지 주의 이름을 부르는 자는 구원을 받으리라
> 14 그런즉 그들이 믿지 아니하는 이를 어찌 부르리요 듣지도 못한 이를 어찌 믿으리요 전파하는 자가 없이 어찌 들으리요
> 17 그러므로 믿음은 들음에서 나며 들음은 그리스도의 말씀으로 말미암았느니라

구원을 위한 믿음은 하나님의 말씀을 들음으로써 옵니다. 우리가 하나님께 다른 것을 받을 수 있는 믿음도 같은 방법으로 옵니다. 하나님과 같은 믿음도 하나님의 말씀을 들음으로써 옵니다. – 그리고 하나님은 그 이외 어떤 다른 종류의 믿음은 전혀 없으십니다. 다시 말하면 하나님은 듣는 사람들에게 하나님과 같은 믿음을 주시거나 생기게 하십니다.

예수님께서 "너희가 어떻게 들을까 스스로 삼가라"(눅 8:18)고 말하신 것은 이상한 일이 아닙니다. 당신은 한 귀로

듣고 한 귀로 흘려버리면 아무런 유익이 없기 때문입니다. 믿음이 올 수 없습니다. 만일 당신이 하나님의 말씀을 무슨 옛날 동화와 같이 생각한다면 믿음이 올 수 없습니다. 그렇지만 당신이 경외함으로, 신실하게 받아들여서 행동하게 되면 믿음은 오게 되는 것입니다.

고후 4:13
기록된 바 내가 믿었으므로 말하였다 한 것 같이 우리가 같은 믿음의 마음을 가졌으니 우리도 믿었으므로 또한 말하노라

우리 모두는 같은 믿음의 영이 있습니다. 고린도 교회에 속했던 것은 오늘날 우리 교회에도 속한 것입니다. 바울이나 다른 사도들이 어떤 경우에도 사람들에게 믿으라고 격려하는 말을 한 적이 없습니다. 그들은 사람들에게 믿음을 가지라고 말을 한 적이 없습니다. 우리가 지금 믿는 자들에게 '믿음을 가져라' 혹은 '믿어라'고 격려를 하는 것은 하나님의 말씀이 우리에게서 그 실체를 잃어 버렸기 때문입니다. 우리는 믿는 자입니다!

우리 아이들이 멀리 떠나 있을 동안 우리가 그들에게 편지를 쓰면서 "늘 숨을 쉬도록 하여라"고 말할 필요가 없습니다. 그들이 살아 있는 동안 그들은 숨을 쉴 것입니다. 그와 같이 우리는 믿는 자들에게 믿으라고 권고를 할 필요가 없습니다. 왜냐하면 그들은 믿는 자들이기 때문입니다.

우리 중에 몇 사람이나 우리들의 말이 우리를 지배하고 있

는지를 알고 있을까요? "네 입의 말로 네가 얽혔으며 네 입의 말로 인하여 잡히게 되었느니라"(잠 6:2). 다른 번역본은 이렇게 말합니다. "너희는 너희 입의 말로 포로가 되었느니라" 당신은 당신이 할 수 없다고 말합니다. 당신이 그 말을 하는 순간 당신은 할 수 없는 패배자가 되는 것입니다. 당신은 당신이 믿음이 없다고 말합니다. 그러면 의심이 거인같이 일어나 당신을 묶어 버립니다. 당신은 당신 자신의 말로 사로잡히게 되는 것입니다. 당신이 실패를 말하면 실패가 당신을 묶어 버리는 것입니다.

하나님은 이 우주를 말씀으로 창조하셨습니다. 믿음으로 충만한 말씀은 세상에서 가장 능력 있는 것입니다.

패배와 실패는 하나님의 자녀들에게 속한 것이 아닙니다. 하나님은 절대로 실패를 만들지 않으셨습니다. 하나님은 우리를 새로운 피조물로 만드셨습니다. 우리는 육신의 뜻이나 사람의 뜻으로 태어난 것이 아니라 하나님의 뜻으로 태어난 것입니다. 우리는 그리스도 예수 안에서 창조되었습니다. 실패는 사람이 하는 것입니다. 그것은 잘못 믿고 잘못 생각하는 것으로부터 나오는 것입니다. 요한일서 4장 4절은 이렇게 말합니다. "너희 안에 계신이가 세상이 있는 자보다 크심이라." 당신 안에 계신 그 크신 이를 믿는 것을 배우십시오. 그는 세상에 어떤 것보다도 더 강하신 분입니다.

질병과 문제를 극복하는 열쇠는 하나님 같은 믿음입니다. – 심령으로 믿고 입으로 고백하는 것입니다. 우리의 입술은 우리를 승리자로도 혹은 포로로도 만들 수 있습니다.

우리는 우리들의 말을 믿음으로 채울 수도 있고 또 우리들의 말을 의심으로 채울 수도 있습니다.

우리는 우리들의 말을 사랑으로 채워 가장 차디찬 심령을 녹일 수도 있습니다. 혹은 우리는 미움과 독으로 우리의 말을 채울 수도 있습니다.

우리는 우리의 말을 사랑으로 채워 실망하고 마음이 상한 자를 돕고 믿음으로 채워 하늘을 흔들 수도 있습니다.

우리는 우리의 말로 천국의 공기를 들여 마실 수 있습니다.

우리의 믿음은 우리 입술로 하는 말 그 이상이 될 수는 없습니다. 예수님은 혈루병 여인에게 그 여자의 믿음이 그를 온전하게 하였다고 하셨습니다. 생각이 떠오르고 또 그냥 그 생각대로 남아 있겠다고 주장할 수도 있습니다. 그러나 우리가 이런 생각들을 입으로 말하는 것을 거절한다면 그들은 태어나지 못하고 죽는 것입니다. 큰 것을 생각하는 습관을 키우십시오. 당신의 영이 반응할 수 있는 말을 사용하는 것을 배우십시오. 믿음의 고백은 실제를 창조합니다.

하나님 같은 믿음에는 두 가지 주의할 일이 있습니다. 첫째는 사람이 심령으로 믿는 것이고, 둘째는 그가 그의 말을 믿는 것입니다. 당신 심령 안에 있는 것을 믿는 것만으로는 충분하지 않습니다. 하나님이 당신을 위하여 일하실 수 있게 하려면 당신은 당신이 한 말을 믿어야 합니다.

변경할 수 없는 믿음의 법칙은 예수님이 말씀하신 대로

"누구든지 … 그 말하는 것이 이루어질 줄 믿고 마음에 의심하지 아니하면 그대로 되리라"(막 11:23)는 것입니다.

믿음의 말씀사 출판물

믿음의말씀사에서 발행되는 모든 도서는 본사에서 직영판매하며,
본사 대표전화 또는 홈페이지를 통해서 구입이 가능합니다.
구입문의 : 031-8005-5483 / 5493 http://faithbook.kr

케네스 해긴의 「믿음 도서관」 책들 케네스 해긴 지음·김진호 옮김

- 믿는 자의 권세 (생애기념판) | 양장본 신국판 264p / 값 13,000원
- 당신이 알아야 하는 신유에 관한 일곱 가지 원리 | 국판 112p / 값 5,000원
- 기도의 기술 | 국판 208p / 값 7,000원
- 인간의 세 가지 본성 (증보판) | 국판 128p / 값 5,500원
- 어떻게 하나님의 영으로 인도받을 수 있는가? (생애기념판) | 국판 272p / 값 10,000원
- 믿음의 계단 | 국판 240p / 값 8,500원
- 마이더스 터치 | 국판 272p / 값 10,000원
- 당신을 향한 하나님의 계획 | 국판 256p / 값 8,500원
- 하나님 가족의 특권 | 국판 176p / 값 6,500원
- 나는 환상을 믿습니다 | 국판 208p / 값 7,000원
- 하나님의 계획과 목적과 추구 | 국판 224p / 값 8,000원
- 역사하는 기도 | 국판 256p / 값 9,000원
- 병을 고치는 하나님의 말씀 | 국판 184p / 값 7,000원
- 영적 성장 | 국판 184p / 값 7,000원
- 치유의 기름부음 | 국판 336p / 값 10,000원
- 크게 성장하는 믿음 | 국판 152p / 값 6,000원
- 신선한 기름부음 | 국판 176p / 값 7,000원
- 예수 열린 문 | 국판 216p / 값 8,000원
- 믿음이란 무엇인가 | 국판 64p / 값 2,500원
- 진짜 믿음 | 국판 56p / 값 2,000원
- 기름부음의 이해 | 국판 256p / 값 9,000원
- 그리스도께서 지금 하고 계시는 일 | 국판 64p / 값 2,500원
- 승리하는 교회 | 신국판 496p / 값 15,000원
- 믿음의 양식 | 국판 384p / 값 13,000원
- 조에 | 국판 96p / 값 4,000원
- 그리스도의 선물 | 신국판 368p / 값 12,000원
- 믿음이 흔들리고 패배한 것 같을 때 승리를 얻는 법 | 신국판 160p / 값 7,000원
- 충분하고도 넘치는 하나님 엘 샤다이 | 국판 64p / 값 2,500원
- 하나님의 말씀 : 모든 것을 고치는 치료제 | 국판 72p / 값 3,000원
- 믿음의 선한 싸움을 싸우는 법 | 국판 200p / 값 7,000원
- 내주하시는 성령 임하시는 성령 | 국판 256p / 값 9,000원
- 방언 | 신국판 384p / 값 12,000원
- 재정적인 번영에 대한 성경적 열쇠들 | 국판 240p / 값 9,000원
- 금식에 관한 상식 | 국판 64p / 값 2,500원
- 가족을 섬기는 법 | 국판 72p / 값 3,000원
- 여성에 관한 질문들 | 국판 112p / 값 5,000원
- 몸의 치유와 속죄 | T.J.맥크로산 지음·로이 힉스, 케네스 해긴 개정 / 국판 168p / 값 6,000원
- 그리스도 안에서 | 문고판 48p / 값 1,000원

- 새로운 탄생 | 문고판 48p / 값 1,000원
- 방언기도의 능력을 풀어 놓으라 | 문고판 64p / 값 1,200원
- 재정 분야의 순종 | 문고판 48p / 값 1,000원
- 말 | 문고판 64p / 값 1,200원
- 나는 지옥에 갔다 왔습니다 | 문고판 48p / 값 1,000원
- 하나님의 처방약 | 문고판 64p / 값 1,200원
- 더 좋은 언약 | 문고판 48p / 값 1,000원
- 옳은 사고방식 틀린 사고방식 | 문고판 80p / 값 2,000원
- 속량 - 가난, 질병, 영적 죽음에서 값 주고 되사다 | 문고판 64p / 값 1,200원
- 예수의 보배로운 피 | 문고판 48p / 값 1,000원
- 하나님을 탓하지 마십시오 | 문고판 48p / 값 1,000원
- 네 주장을 변론하라 | 문고판 48p / 값 1,000원
- 셀 모임에서 성령인도 받기 | 문고판 48p / 값 1,000원
- 네 염려를 주께 맡겨라 | 문고판 80p / 값 2,000원
- 성령을 받는 성경적인 방법 | 문고판 64p / 값 1,200원
- 안수 | 문고판 48p / 값 1,000원
- 치유를 유지하는 법 | 문고판 48p / 값 1,000원
- 사랑은 결코 실패하지 않습니다 | 문고판 48p / 값 1,000원
- 예언을 분별하는 일곱 단계 | 문고판 80p / 값 2,000원
- 절망적인 상황을 반전시키기 | 문고판 80p / 값 2,000원
- 당신의 믿음을 풀어 놓는 법 | 문고판 80p / 값 2,000원
- 하나님의 영광 | 문고판 64p / 값 1,200원
- 하나님께서 내게 가르쳐 주신 형통의 계시 | 문고판 48p / 값 1,000원
- 왜 능력 아래 쓰러지는가? | 문고판 48p / 값 1,000원

기타 「믿음의 말씀」 설교자의 책들

- 성령의 삶 능력의 삶 | 데이브 로버츠 지음 · 김진호 옮김 / 신국판 480p / 값 13,000원
- 왕과 제사장 | 김진호 지음 / 국판 136p / 값 6,500원
- 새로운 피조물의 실재 | 김진호 지음 / 국판 256p / 값 9,000원
- 믿음의 반석 | 최순애 지음 / 국판 352p / 값 12,000원
- 새 언약의 기도 | 최순애 지음 / 신국판 192p / 값 8,000원
- 성령 인도 | 최순애 지음 / 국판 160p / 값 7,000원
- 복음의 신조 | 최순애 지음 / 국판 208p / 값 8,000원
- 존중하는 삶 | 최순애 지음 / 국판 208p / 값 8,000원
- 승리하는 믿음 | 스미스 위글스웍스 지음 · 김진호 옮김 / 46판 112p / 값 4,000원
- 스미스 위글스웍스의 천국 | 스미스 위글스웍스 지음 · 박미가 옮김 / 신국판 320p / 값 11,000원
- 스미스 위글스웍스의 매일묵상 | 스미스 위글스웍스 지음 · 박미가 옮김 / 신국판 600p / 값 20,000원
- 위글스웍스는 이렇게 했다 | 피터 J. 매든 지음 · 박미가 옮김 / 국판 272p / 값 9,000원
- 스미스 위글스웍스의 능력의 비밀 | 피터 J. 매든 지음 · 박미가 옮김 / 국판 200p / 값 7,000원
- 행동하는 신자들 | T. L. 오스본 지음 · 김진호 옮김 / 46판 112p / 값 4,000원
- 기적 - 하나님 사랑의 증거 | T.L. 오스본 지음 · 김진호 옮김 / 46판 144p / 값 4,500원
- 새롭게 시작하는 기적 인생 | T.L. 오스본 · 라도나 오스본 지음 · 박미가 옮김 / 46판 288p / 값 8,000원
- 좋은 인생 | T.L. 오스본 지음 · 박미가 옮김 / 신국판 416p / 값 13,000원
- 성경적인 치유 | T.L. 오스본 지음 · 김진호 옮김 / 국판 272p / 값 10,000원
- 능력으로 역사하는 메시지 | T.L. 오스본 지음 · 김주성 옮김 / 신국판 368p / 값 12,000원
- 100개의 신유 진리 | T.L. 오스본 지음 · 김진호 옮김 / 문고판 48p / 값 1,000원

- 하나님의 큰 그림 | 라도나 C. 오스본 지음 · 문지숙 옮김 / 46판 160p / 값 5,500원
- 믿음의 말씀 고백 기도집 | 잔 오스틴 지음 · 김진호 옮김 / 46판 160p
- 하나님의 사랑의 흐름 | 잔 오스틴 지음 · 김진호 옮김 / 46판 48p
- 견고한 진 무너뜨리기 | 잔 오스틴 지음 · 김진호 옮김 / 46판 48p
- 초자연적인 흐름을 따르는 법 | 잔 오스틴 지음 · 김진호 옮김 / 46판 96p
- 당신의 운명을 바꿀 수 있습니다 | 잔 오스틴 지음 · 김진호 옮김 / 46판 96p
- 어떻게 하나님의 능력을 풀어놓을 수 있는가? | 잔 오스틴 지음 · 김진호 옮김 / 46판 96p
- 복을 취하는 법 | R.R.쏘아레스 지음 · 김진호 옮김 / 국판 128p / 값 5,500원
- 주는 자에게 복이 되는 선물 | R.R.쏘아레스 지음 · 김병수 옮김 / 국판 160p / 값 6,000원
- 믿음으로 사는 삶 | 코넬리아 나줌 지음 · 신현호 옮김 / 46판 176p / 값 6,000원
- 그리스도 안에 있는 나를 인정하기 | 마크 행킨스 지음 · 김진호 옮김 / 문고판 48p / 값 1,000원
- 여기서 머물지 말라 | 크리스 오야킬로메 지음 · 김진호 옮김 / 46판 72p / 값 2,500원
- 방언기도학교 31일 | 크리스/애네타 오야킬로메 지음 · 이종훈/김인자 옮김 / 46판 80p / 값 2,500원
- 이제 당신이 거듭났으니 | 크리스 오야킬로메 지음 · 김진호 옮김 / 문고판 64p / 값 1,500원
- 당신의 인생을 재창조하라 | 크리스 오야킬로메 지음 · Paula Kim 옮김 / 국판 48p / 값 2,000원
- 이 마차에 함께 타라 | 크리스 오야킬로메 지음 · Paula Kim 옮김 / 국판 128p / 값 5,000원
- 그리스도 안에 있는 당신의 권리 | 크리스 오야킬로메 지음 · Paula Kim 옮김 / 국판 64p / 값 2,500원
- 당신의 치유를 유지하기 | 크리스 오야킬로메 지음 · Paula Kim 옮김 / 문고판 24p / 값 500원
- 성령님과 당신 | 크리스 오야킬로메 지음 · Paula Kim 옮김 / 국판 64p / 값 2,500원
- 방언의 능력 | 크리스 오야킬로메 지음 · Paula Kim 옮김 / 문고판 48p / 값 1,000원
- 성령님이 당신 안에서 행하실 일곱 가지 | 크리스 오야킬로메 지음 · Paula Kim 옮김 / 국판 80p / 값 3,500원
- 성령님이 당신을 위해 행하실 일곱 가지 | 크리스 오야킬로메 지음 · Paula Kim 옮김 / 국판 72p / 값 3,000원
- 기적을 받고 유지하는 법 | 크리스 오야킬로메 지음 · Paula Kim 옮김 / 국판 64p / 값 2,500원
- 하나님께서 당신을 방문하실 때 | 크리스 오야킬로메 지음 · Paula Kim 옮김 / 국판 80p / 값 3,500원
- 올바른 방식으로 기도하기 | 크리스 오야킬로메 지음 · Paula Kim 옮김 / 국판 64p / 값 2,500원
- 당신의 믿음을 역사하게 하는 법 | 크리스 오야킬로메 지음 · Paula Kim 옮김 / 국판 112p / 값 5,000원
- 끝없이 샘솟는 기쁨 | 크리스 오야킬로메 지음 · Paula Kim 옮김 / 국판 32p / 값 1,500원
- 기름과 겉옷 | 크리스 오야킬로메 지음 · Paula Kim 옮김 / 국판 96p / 값 4,000원
- 약속의 땅 | 크리스 오야킬로메 지음 · Paula Kim 옮김 / 국판 224p / 값 8,000원
- 하나님의 일곱 영 | 크리스 오야킬로메 지음 · Paula Kim 옮김 / 국판 112p / 값 5,000원
- 예언 | 크리스 오야킬로메 지음 · Paula Kim 옮김 / 국판 88p / 값 4,000원
- 시온의 문 | 크리스 오야킬로메 지음 · Paula Kim 옮김 / 국판 96p / 값 4,000원
- 붉은 줄의 기적 | 리치드 부커 지음 · 황성하 옮김 / 국판 288p / 값 10,000원
- 당신은 이미 가졌습니다 | 앤드류 워맥 지음 · 두영규 옮김 / 국판 320p / 값 11,000원
- 은혜와 믿음의 균형 안에 사는 삶 | 앤드류 워맥 지음 · 반재경 옮김 / 국판 304p / 값 11,000원
- 하나님은 당신이 건강하기 원하십니다 | 앤드류 워맥 지음 · 서승훈 옮김 / 국판 288p / 값 10,000원
- 영 · 혼 · 몸 | 앤드류 워맥 지음 · 서승훈 옮김 / 국판 224p / 값 8,500원
- 전쟁은 끝났습니다 | 앤드류 워맥 지음 / 국판 304p / 값 11,000원
- 믿는 자의 권세 | 앤드류 워맥 지음 · 두영규 옮김 / 국판 368p / 값 12,000원
- 당신이 말한 대로 얻게 됩니다 | 돈 고셋 지음 · 전진주 옮김 / 국판 288p / 값 10,000원
- 예수 - 치유의 길 건강의 능력 | 윌포드 H. 리트 지음 · 김진호 옮김 / 국판 304p / 값 11,000원
- 믿음과 고백 | 찰스 캡스 지음 · 신현호 옮김 / 신국판 384p / 값 12,000원
- 십자가에서 보좌까지 무슨 일이 일어났는가? | E. W. 케년 지음 · 서승훈 옮김 / 신국판 368p / 값 12,000원
- 두 가지 의 | E. W. 케년 지음 · 김진호 옮김 / 국판 176p / 값 7,000원
- 하나님 아버지와 그분의 가족 | E. W. 케년 지음 · 서승훈 옮김 / 신국판 360p / 값 12,000원
- 성령 충만한 그리스도인의 지침서 | 데릭 프린스 지음 · 조철환, 서승훈 옮김 / 신국판 752p / 값 30,000원